棒球驚嘆句 2

——新版——

曾文誠、正義鷹大俠、龔文嘉——著

Baseball Quotes

好讀出版

推薦序

努力不需要天賦

常富寧

如果人們不嘲笑你的夢想，代表它不夠遠大！

人的一生之中，甚至一天之內都有可能因為一句話而改變了目標、行程，乃至夢想。這樣的一件事，天天在上演，時時在發生。

二〇〇三年時，曾大哥開始成為我工作上的另外一半。我們之間的相處，由例行公事延伸到生活小事，從比鄰而坐到互不相見，這中間的變化不可謂不大。但是，常有人問我：是甚麼讓你們兩個有這麼好的默契？

說穿了，就是那你一言我一句的言詞交替，語意傳接，不斷地在直播之中，和廣告時間交會著。

文誠的名言佳句不少，我聽的更多。但是像他這樣一位資深的棒球人，花了這麼多的時間和心血蒐羅他認為值得推薦給球迷和觀眾的一句話，還真是讓我驚訝！我既佩服他的棒球素養，又敬佩他對文字的敏感程度。因此，當我再次受邀為這一本書寫推薦序的時候，也感受到不小的壓力。

Bryce Harper是家喻戶曉的大聯盟選手。他說的話也許在許多人眼中，可能不過是乳臭未乾的小子大放厥詞。但，人的夢想確實需要遠大，甚至要有點天馬行空，這樣比較符合「夢想」給你我的Fu。我同意這一句話，但是有了夢想之後，千萬不要忘記要一步步地實現它。否則夢想成為空談，到頭來只會是一場白日夢。唯有在夢想中得到實現自我的成果時，會讓人生的意義更加不同。

另外一句讓我深有所感的，就是我另外一位工作上的好夥伴潘忠韋所說的：要和你的傷勢做朋友。喜歡運動的你我，運動傷害恐怕在所難免。但要從一位努力認真的運動員口中聽到這句話，背後的辛酸可想而知。因為中華職棒讓我和忠韋有許多接觸的機會。他的認真，從過去到現在一直都是其人格特質。如今，在又嘉的筆下，更能夠讓大家了解。對於受傷這一個事實，就像面對日常生活與工作職場上的挫折一樣，我們要學習和它相處，要懂得如何在逆境中上游。因為，這恐怕是避免不了的。

謝謝文誠、鷹大俠與又嘉幫我們彙集了這麼多的勵志名言。有些時候，這麼一句話，也許就成為了改變人生的起點。這一本《棒球驚嘆句2》，是值得你我一翻再翻的好書。相信身為讀者的你我，必能從書中找到那一句讓我們起心動念的話語。千萬不要忘記：努力不需要天賦，就從今天開始踏出付諸實行的第一步吧！

序

發人深省的經典話語

曾文誠

我都叫他鷹大俠，事實上涂宗宏這個筆名在棒球寫作界也小有名氣。第一次碰到他是在一個大聯盟的記者會上，後來幾次訊息來往後，才發現他是個專研美國職棒歷史與人物的專家，原本他有意朝這方面來書寫成冊，後來因故取消，但幫他這個熱愛棒球寫作友人出本書的心願就一直放在心上。

我都叫他又嘉，事實上他的本名就是又嘉、鄭又嘉，一個優秀的棒球新聞記者，駐美特派員，現在的身份是運動經紀人。和又嘉認識很早了，雖然他在棒球新聞圈的資歷比我略淺，但表現卻超出我許多，後來他到美國跟隨王建民、陳偉殷的腳步南北奔波，讓鄭又嘉見多識廣，經常將其所見所聞發表在各平台上，也讓大家看到他獨特的看球觀點，更欣賞到他優美文字寫作的能力。也許有機會可以和他出本書吧，這件事就一直放在心上。

這樣機會來了。《棒球驚嘆句2》決定出版，應該說是續集還是第二集？但無論如何就是要推出一本全新內容的棒球驚嘆句，那至少代表第一部賣得還不錯，也証明親友或球員對這本書的稱許讚美都不是客套話。所以涂宗宏、鄭又嘉成了立馬想到的能成為這本書主力的寫作要角，不論是鷹大俠過去對美職的熟稔，鄭又嘉多年採訪的經驗，兩人必定有許多中外職棒選手發人深省的經典話語才是，果然在兩位首肯之後，書寫出來的內容跟第一冊相比是有過之而無不及。

至於我個人，本書也客串了幾篇，談不上畫龍點睛，只是希望延續首冊的一點風格而已，如果各位還是喜歡的話，相信很快就會有續集的。

序

耐人尋味的語錄故事

正義鷹大俠

相信手頭上正翻閱這本書的朋友們，不少是衝著多年前由曾文誠、曾湋文合著的《棒球驚嘆句》而來，當年我也是讀者之一，透過書中引領了解到更多棒球的迷人之處，直到四年後開始部落格書寫、踏進專業寫作領域，一路到有幸加入《棒球驚嘆句2》的作者陣容，到現在都還覺得像是一場夢。

由於是出書初體驗，為了撰寫本書序文，我特地找出《棒球驚嘆句》來參考，當發現書中主筆大聯盟球星的曾湋文其時也是個出書菜鳥，且對於曾文誠大哥找他出書大感驚喜，不禁感同身受。不過我們倆的共同處也僅止於此，至於最大的相異處在於曾湋文才畢業不久、二十來歲就有出版個人作品的機會；而我則是年屆不惑才轉換跑道，堪稱老到不能再老的老菜鳥。

即使心中始終懷抱棒球寫作夢，但投身職場後不但工作忙碌，甚至因創業一度連撥空看場最愛的棒球賽都沒時間。三十五歲那年，心中再也關不住書寫靈魂的我開始試著寫部落格——在當時只有美女照才有人青睞的「無名小站」。所幸城邦集團的「運動邦」成立不久，在當時站長楊東遠邀約後遷站，才讓我尚稱青澀的作品有了較多曝光機會。

也是有了「運動邦」這個園地，我有機會進一步認識《美國職棒》雜誌這本國內唯一大聯盟刊物的總編張聰富，並獲邀撰稿，自此正式踏入專業運動寫作領域。對我而言，能持續書寫最熱愛的大聯盟乃一大樂事，專職撰稿名人堂球星的傳記文也讓我對美國這個職棒起源地的球史和人物有了更深一層的認識。而透過古往今來的諸多語錄，無論是援引自他人抑或球星本身所言，則不啻是體現選手性格的最佳導引，尤其是遠在媒體不如今日發達、資料保存困難，偏偏傳奇球星又一籮筐的一九五〇年代之前。

此外，每則耐人尋味的語錄背後，通常也代表了某個棒球年代。透過這些被光陰淬鍊過的語句和其背後故事，不只常能適切的展現出球員的性格、智慧，不同世代的球壇背景也呼之欲出；當脈絡越顯分明，棒球便不只是棒球，而是更像跌宕起伏的人生，嚐來也就更有滋味了。

也因為如此，接下這本書的撰稿工作時，內心是興奮又惶恐的，興奮的是曾文誠大哥願意將出版續集作品的機會交付在僅有一面之緣的我身上；惶恐的則是沒能將工作做到完美，遑論出版自己的作品是我踏入這個行業最大的夢想。所幸先前在《美國職棒》雜誌的工作幫助我不少，書中多位球星昔日寫稿時也取材過，讓我能在截稿期限內盡量將自己所了解的、最想呈現的內容寫出來。

寫作過程中，要感謝父母願意包容，支持我這個毅然轉業的任性中年大叔、妻子美妙和兒子畯硯忍受「爸爸回家也一直在加班」的疏於陪伴；曾文誠大哥、強哥張聰富和楊東遠站長的知遇。最後也希望讀者們在閱讀這些故事的同時，能感受到和我在寫作時相同的樂趣，並感謝在紙本出版逐漸式微的年代，還願意購書支持運動寫作。這本書，也正是因為有你們才得以面世，謝謝！

序

改變人生的一句話

鄭又嘉

常常一直在想，如果有一天，我的一句話可以改變某個人的人生，幫助他走向對的路，那該有多好。

十多年前我辭去了報社工作，飛到美國當自由記者，有幸採訪了很多場大聯盟比賽，我覺得最大的感想是，當你把麥克風堆著大聯盟球員，攝影機一打開，不論你問什麼問題，他都能侃侃而談，常常都能讓你得到最想要的「那一句話」。

一句話可能讓你驚訝，可能讓你感動，更可能讓你在人生的某個時候，這句話就會在你腦海中自動地繚繞，因為這一句話，都是他們綜合人生經驗與智慧而成的，這是過去在台灣時沒有得到過的感受。

我開始回想著，為什麼台灣球員做不到？愈回憶就愈發現，其實這些年下來，還是有很多人，默默地用一句話改變了我。

我記得在一個週末的下午，當時還在當球員，一身是傷的潘忠韋坐在板凳席上，淡淡地告訴我，他正在「跟身體做朋友」，讓我懂得遇到低潮的時候不要自怨自艾，要學著跟自己對話。

也記得兒時偶像黃平洋，這個曾經讓我追著大巴士要簽名的天王投手，竟然穿著圍裙，邊看著熟悉的天母棒球場邊告訴我，「人生要有廣角打法」，讓我知道人生不是只有一條路，遇到困境時，轉個彎走另一條路，更有可能會看到新的風景，這些話其實都悄悄在我心裡藏著，在做很多決定的時候，也都不知不覺地影響著我。

某天接到曾文誠大哥的一封訊息，「有沒有興趣寫棒球驚嘆句的續集？」讓這些塵封在心底的名句，又被回想了起來，我也想起了周思齊不懼惡勢力，在頒獎台上的哽咽致辭，想起了林益全徘徊在職棒門口的徬徨，更想起了陳偉殷、王建民面對人生挑戰時，那種霸氣與不服輸。

回到台灣後，也驚訝於年輕一輩的球員，不僅勇於表達自己的想法，同時更能言之有物的侃侃而談，他們不再是當年我最害怕的那種，被問到心情只會回答「高興」、「開心」、「爽」然後就句點的球員，從他們身上，我重新得到了對棒球熱情，也得到了感動。

現在，我也想把這些感動傳達給讀者，短短的幾句話，卻有著他們整個棒球人生的智慧，曾經影響了我，也希望能夠改變你。

努力，讓自己走得更遠

上場，就是全力以赴

堅持，永不放棄的棒球狂熱

生命，因付出而更加精采

努力，讓自己走得更遠

人不可能完美，但永遠可以試著變得更好，每天都能找到一些進步的方法。

薛澤（Max Scherzer）

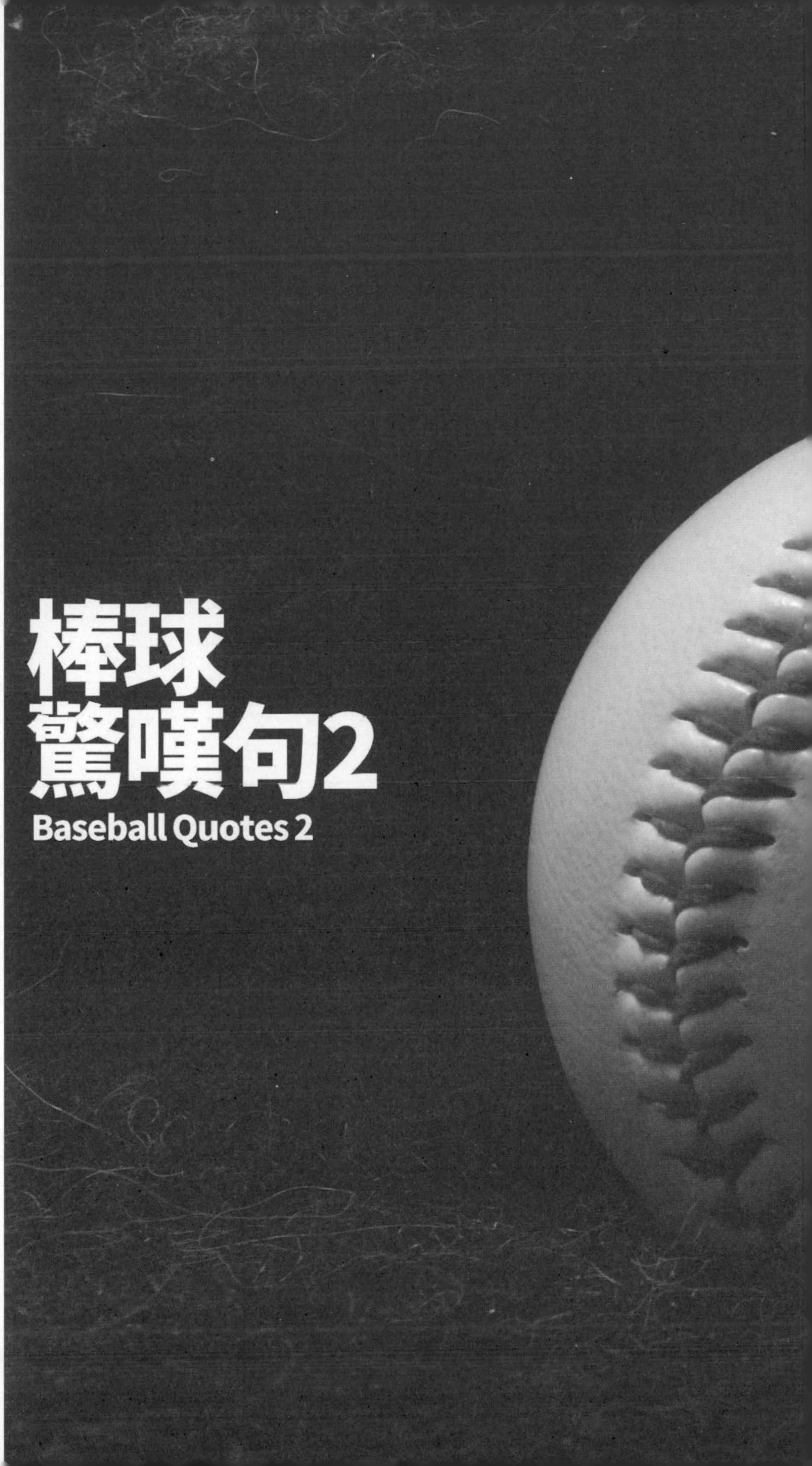

如果美國人做得到，那我也一定可以。

陳偉殷

陳偉殷

第一位從日本職棒成功轉戰大聯盟的台灣球員，二〇〇九年日職中央聯盟防禦率王，二〇一二年加入巴爾的摩金鶯隊，成為第一位拿到複數年合約的台籍大聯盟球員，二〇一六以自由球員身份加入邁阿密馬林魚隊時，創下華人運動史上的最高身價。

二〇一二年時，陳偉殷達成了一個新的里程碑，他以三年一千一百三十三點八萬美元，附帶一年球隊選擇權的合約內容，加入了巴爾的摩金鶯隊，成為史上第一個成功從日本職棒挑戰大聯盟成功的台灣球員，也是第一個在大聯盟拿到複數年合約的球員，實力終於獲得棒球最高殿堂肯定的陳偉殷，開始了新的冒險與挑戰。

他再度來到一個截然不同的環境，大聯盟的生態、球風、技術完全跟日本職棒是兩個世界，首先，他要克服的是語言問題，從高中畢業就到日本打球的陳偉殷，花了七年的時間，學得一口流利的日文，對英文卻一竅不通。

再者，大聯盟的訓練方式，與日本完全不同，日本非常重視體能，投手進行長跑簡直是日常生活的一部份，但大聯盟重視的是力量與瞬間爆發力，因此強調的是重量訓練與短程衝刺，這讓非常多從日本來的球員感到不習慣，甚至會因為這些與球隊產生歧見。

第三個是文化上的衝突，在日本，有非常強烈的倫理觀念，「前輩」一定要受到後輩的絕對尊重，後輩不僅在稱呼上都得用敬語，凡事也得搶在前輩前面做好，教練與總教練更是像天皇一樣的地位崇高，「洋將」很難打進日本球員的小

棒球給了所有美國男孩出頭的機會，不只是和誰一樣棒、而是比誰更棒。這是人們的天性，這球賽亦以之為名。

～大聯盟名人堂強打者威廉斯（Ted Williams）

圈圈裡，但是大聯盟不一樣，這裡大家只要互相尊重，平常時候大家都是以平輩相視，在球場上，不管你來自哪裡，就以實力決定一切。

不少日本球員轉換環境成功，在大聯盟大放異彩，相對地，也有很多人水土不服，在大聯盟載浮載沉，甚至在小聯盟苦撐的時間比上大聯盟還多，陳偉殷當然不想當後者，個性外向，很能融入新環境的他，開始思考「大聯盟球員」的定義。

「大聯盟真的是很不一樣的環境，光是記者可以自由出入球員休息室，就是第一件要習慣的事情。」陳偉殷說，過去日職並不允許記者賽前或賽後隨意訪問球員，記者如果有採訪需求，必須向球隊提出申請，然後球隊核准後，再把球員帶到「廣報室（公關室）」受訪，但是在大聯盟，球員休息室有固定的開放時段，記者可以在這段時間裡自由進行採訪，球員衣衫不整，甚至是只披個浴巾走來走去，記者們也早就見怪不怪了。

陳偉殷首先習慣了天天受訪這件事，滿足了所有想要了解他的採訪需求，接下來要面對的，就是最重要的語言與訓練了。

他從來不會因為英文不好而羞於開口，相反地，他很快就建構出自己的「殷式英文」，跟隊友打成一片，速度之快，好像他已經打了四五年大聯盟一樣，他很快地交到了好友，在一個充斥著不熟悉語言的空間裡，他卻顯得無比自在，陳偉殷的想法是，「雖然我有翻譯，但是在球場上很多狀況是瞬息萬變的，我需要自己能解讀很多東西，所以從生活上開始練習是最快的，過去我也從一句都不懂的開始學習日文啊。」

訓練上的內容大幅改變，對很多日本投手是個問題，但陳偉殷卻很輕易地接受了這個改變，他的理由是：

「大聯盟的比賽強度高很多，就算是第八棒都能很輕易地轟你全壘打，在日本一星期只要先發一場，這裡是投一休四，他們的訓練一定是最適合現況的方式。」

一起到金鶯發展的日籍投手和田毅，就是適應不良的例子，就因為無法融入金鶯的訓練體系，最終受傷收場，後來到芝加哥小熊隊才上到大聯盟，但不久後還是黯然返回日本。

轉換這一切，並不像我們看到的那麼簡單，在美國的第一個春訓，陳偉殷就體認到大聯盟的高度競爭與震撼性的強度，因為只休四天就要出賽一場，對方打

人們問我，冬天沒有棒球時要做啥。跟你說，我雙眼直盯著窗外，然後等待春天來臨。

～曾六連霸國聯打擊王的洪斯比（Rogers Hornsby）

者的實力又遠高於日職，不管在生理或心理上的負擔都是加倍的，而且先發完之後，嚴格來說只有隔天能完全休息，剩下的三天還得進牛棚與重量訓練，如果沒有超人的意志力，很難一下子就承受這些改變。

但面對陣痛期，陳偉殷的態度一樣正面，他看著球隊其他的先發投手，告訴自己，「大家一樣都在大聯盟努力著，如果美國人可以做到，那我也一定行。」他也會研究隊友的訓練菜單與成果，研究頂尖投手的配球、策略，他忘掉自己在日本職棒的輝煌戰績，完完全全地把自己當成菜鳥，從頭學習這個新棒球世界的一切。

陳偉殷發現，許多美國與中南美球員不管天賦、先天的體能條件都勝過自己，許多人平常練習份量比自己少，卻能不吃力地負擔每場六到七局的投球，球速也能輕鬆飆上一五〇公里，在這樣的情況下，他所要做的，就是練得比別人更多、更勤、更精，就算是一個月僅有珍貴的那一兩天休假日，他也都會想辦法摸摸球維持球感，讓自己身心都保持在比賽狀態。

就這樣，他從第一年的開季第五號先發，一路變成金鶯陣中最穩定的先發投手，在金鶯的四年，他為球隊拿下了四十六場勝利，除了受到傷勢影響的二〇一三年，其他三年都有單季兩位數勝投的演出，二〇一五年的合約年防禦率還是超水準的三點三四，堪稱金鶯近年最超值的投資。

這樣的表現，終於為他換來了一張大合約，二〇一六年邁阿密馬林魚以五年八千萬美金簽下陳偉殷，這也超越了過去在NBA發展的姚明，創下華人運動史上的最高合約總值，他也持續用行動鼓勵著台灣的年輕球員，每年用獎學金的方式回饋基層棒壇，希望能培育更多的台籍大聯盟球員。

從台灣到日本，再漂洋過海到美國，陳偉殷不斷地經歷著「適應環境」的課題，但他始終保持著樂觀跟開放的心態，永遠不對自己設限，願意嘗試任何新的事物，也永遠不服輸，這樣的個性與特質，幫助他的棒球路愈走愈遠，因為只要別人做得到，他也行。（鄭又嘉）

棒球就像教堂，進去的人多、瞭解的人少。

～生涯奪勝逾兩千場的名人堂教頭杜若契（Leo Durocher）

努力不需要天賦。

基特（Derek Jeter）

基特

大聯盟名門紐約洋基隊第十五位隊長。新人年初試啼聲便勇奪新人王，並帶領洋基隊殺進季後賽，終結長達十八年、隊史最長的世界冠軍乾旱期。兼具球技和領袖氣質、外型出眾、致力行善等特質讓他風靡世界中心紐約，為球壇焦點中的焦點。

提起「隊長」基特，你腦中浮現什麼畫面？

生涯首場開幕戰就開轟並大秀守備美技、站穩先發，同年一舉掃進新人王獎座和世界大賽金盃，自此縱橫球界二十載的天之驕子？

行事低調、以身作則，五年內四度率隊豪奪冠軍、創建王朝；老洋基球場退役之夜感性致詞，和擔任美國隊經典賽隊長的領導丰采？

關鍵時刻每每扭轉乾坤，九一一恐攻後於世界大賽揮出再見轟、重燃全城希望，晉身首位「十一月先生」的紐約之子？

游擊防區魚躍撲接、空中抓飛鳥、後退接球，和反手接球後凌空轉身傳球等經典美技？

還是俊帥臉蛋、俐落短髮，笑起來酒窩和綠色瞳孔迷死人不償命的少女殺手；以及一長串的女星名模交往清單？

即使總像身處舞台中央般光芒四射，但二〇一四年宣佈待退後，一部由飲料商推出的致敬廣告卻呈現出另個面向。影片中基特搭小黃到洋基球場，下車後漫步在既熟悉又陌生的周遭街道，親切問候令球迷又驚又喜。一如過去二十年，進場後他套上細條紋戰袍、拉挺球衣、扣上鈕釦，在迎接甬道彼端乍現的水銀燈光

努力了不一定會有結果，不努力就什麼都沒有。

～陳金鋒

和歡呼前不忘高舉右手、輕觸大學長狄馬喬（Joe DiMaggio）的箴言吊板提醒自己：「感謝上帝讓我成為洋基人。」

感恩，造就了奮戰到底的特質和經常掛在嘴邊的「努力不需要天賦」，也說明了即使是天才橫溢的首輪選秀大物，偉大球涯的背後絕不乏試煉。

場上驚奇時刻雖多不勝數，但若提到最著名的表現，二〇〇四年季中拚著破相也要接殺飛球，以及二〇〇一年季後賽天降神兵般的「制勝一拋」無疑箇中翹楚。前者乃進入延長賽後為接殺界外球整個人倒栽蔥摔入觀眾席，顧不得臉上鮮血直流便起身高舉手套、示意接殺。而後者則是一分領先下對手跑者趁右外野深遠安打欲從一壘直闖本壘，眼見球轉傳至一壘邊線無人補位、戰局就要被扳平，本該固守左翼的基特卻驀地竄出撈球，接著背後長眼似地千鈞一髮反手拋給捕手，就連跑者也當場愣住、忘了滑壘而慘遭觸殺。

前述案例足見基特絕少輕言放棄，而能具備好品格，主要來自於雙親影響。基特父母分別為博士與會計師，極為重視教育，據傳每年都和子女簽訂合約，除了生活守則，還有尊重他人、態度積極、不輕易說不……等品德條文。父親查爾斯（Charles Jeter）更身體力行，從小無論父子倆較量任何項目都絕不因兒子年紀小而退讓，他承認這麼作只是想「讓他具備競爭力，告訴他沒人會輕易讓你得勝，而人生並非永遠公平。」果不其然，球涯乍看順遂的基特，考驗早在不遠處等著……

年紀小小，醉心棒球的基特便誇口説長大要成為洋基游擊手，還將志願填在學校紀念冊上，狂熱到連大人都看不下去，跑去勸他父母「不應該把虛幻的想法擺進他腦袋裡」。兒時鄰居表示，家住連棟透天厝的基特常在屋外練習拋接，將球高拋越過房子，再迅速衝到後院接落下的球，常常一練就是幾小時，日復一日且樂此不疲。勤練不輟下終於受到矚目，高中畢業後以首輪選秀之姿進入最愛的洋基。

美夢雖成真，但挑戰才正要開始。撐過思鄉導致低潮的首季，基特開始以優異打擊征服農場，一九九四本有機會上一軍，奈何因肩傷未如願；隔年季初大聯盟罷工時，再因堅持原則而失去遞補罷工選手的機會。好不容易季中上了一軍，又因打不出身手慘遭下放，由於老闆史坦布瑞納（George Steinbrenner）素以沒耐性聞名，深怕就此被交易的基特大感沮喪，才二十一歲的他甚至和一同被降級、日後成為救援之神的李維拉（Mariano Rivera）相視而泣，彷彿碰上世界末

你得將棒球當作一門科學來操作和學習。

～生涯打擊率傲視球史、高達 3 成 66 的柯布（Ty Cobb）

日。

防守部分，基特逾一米九的身長對棒球員來說雖不高，卻和游擊手講究靈活的傳統觀念相悖，小聯盟首季多達五十六次失誤更印證了看衰，還驚動當時洋基總管麥可（Gene Michael）重拾教鞭、下海指導。不認輸的他為彌補缺失苦練接球起步，善用經驗和數據資料機動調整站位，最終不只和同期的羅德里奎茲（Alex Rodriguez）、賈西亞帕拉（Nomar Garciaparra）連袂掀起高大游擊手風潮、被譽為「黃金游擊世代」，生涯五座金手套獎亦名列球史游擊手前六強。

從進階數據來看，基特守備並不突出，甚至被統計大師詹姆斯（Bill James）評為「或許是史上最沒效率的防守者」，但諸如前述濺血救飛球、經典一抛等演出光以記錄論僅僅是個出局數，最終卻都成為敵我勝負消長關鍵，防守端貢獻能否輕易量化仍待商榷。

此外，小自打出滾地球奮力跑壘，大到安打型的他為達球隊改扛中心棒次要求而發憤重訓、調整手臂力量運用後爆發單季二十四轟，以至於球涯晚期在薪資遭重砍七成後重登安打王寶座、粉碎衰退流言……等，均可一窺其驚人毅力。而生涯累積逾三千安、三百盜、十四度入選明星賽、金手套獎和銀棒獎各五座的成就更絕非僥倖或天才可一語帶過。

二〇一二年基特奪下安打王時已經三十八歲，卻再度引領洋基叩關季後賽，首輪也「照例」打出佳績。怎料戰情大好之際，卻在美聯冠軍戰首役接球時踉蹌撲跌、皺眉哀嚎，雖勉力撐起上半身、將球拋給二壘手以防失分，自己卻無力起身，像是預言了球隊被淘汰的命運。

球涯雖小傷不斷，基特鬥志一向不容小覷，他曾說：「假如你已經在場上，沒人會想知道你身體出了啥毛病，有時（說這些）只是在為失敗找藉口。」洋基防護員唐那休（Steve Donahue）則讚嘆：「他全身上下都有傷，但還是場場先發，我沒辦法不佩服。」只可惜再怎麼擁有鋼鐵意志，這回卻難逃挫折。隔年春訓，號稱痊癒的基特出賽五場便又傷退，自此展開了三進三出傷兵名單、出賽僅十七場的坎坷賽季，最慘時甚至復出打了一場球就再受傷，季末更提早宣告球季報銷。

傷痛不斷加上將邁入不惑之年，基特的退休傳聞從未間斷。好不容易等到洋基決定續約一年、確認隊長將回歸後，二〇一四年季初他反而拋出震撼彈，公佈這將是自己最後一個球季，且感性表示「夢境終有醒來的一天」。而夾雜著欣

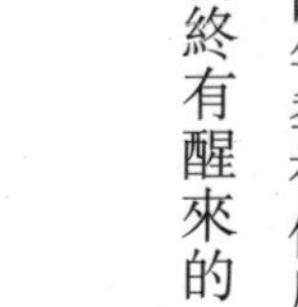

盡可能去把每場比賽打好，看比賽內容哪裡需要檢討，每天去加強。

～王柏融

喜、驚訝、不捨和榮耀的球涯終章亦自此展開。

可能受舊傷影響，抑或當真廉頗老矣，展開榮耀巡禮、忙著收下客場禮物的隊長場上表現不若往昔，除了遭諷刺能續扛前段棒次乃酬庸性質，就連後輩溫萊特（Adam Wainwright）都在明星賽受訪時說溜嘴，直言被前輩揮出的安打是他放水「禮讓」，本該屬於基特的明星賽終戰榮光登時黯淡。

一如以往，喧囂中基特低調自持、埋首前行，直到季末主場最終戰來到九下兩出局，一支穿越一、二壘間的再見安打隨看台上銀河般閃光燈耀眼現身時，眾人這才省悟：告別的舞台早已搭好、只待勇士凱歸。而那道在綠草紅土間優雅傳接、奮力疾馳，不斷朝右翼揮擊，以及魅惑笑容後不懈的二號條紋背影，早無愧英雄典範。（正義鷹大俠）

想當個好投手，得先像打者那樣思考。

～投球時以機巧對戰著稱的麥達克斯（Greg Maddux）

人不可能完美，但永遠可以試著變得更好，每天都能找到一些進步的方法。

薛澤（Max Scherzer）

薛澤

二〇一三年美聯賽揚獎得主，隔年與華盛頓國民隊簽下七年兩億一千萬鉅約，為當時史上第二高的投手合約。入隊首年投出兩場無安打比賽，連四年三振率名列美聯前兩強，二〇一六年、二〇一七年再次獲得第二、第三座賽揚獎，二〇二二年拿下大聯盟生涯第兩百勝。

二〇一四年季前，薛澤「全棒球界最聰明」的綽號被加工瘋傳，成了「全棒球界最聰明也是最笨的人」，因為他拒絕了老東家捧上的六年一億四千四百萬美金合約，決定多等一年、投入自由市場，也失去了晉身古今投手年薪榜第八強的機會。

當時這位將邁入三十歲的強投雖剛拿下賽揚獎，但此前不但未曾單季投超過兩百局、防禦率均高於三點五，甚至沒完投過任何一場比賽，遑論入選明星賽。此外，四分之三側投、為藏球延遲扭腰、動能前衝後雙肩轉向一壘且軸心腳高踢等非正統出手方式，更讓受傷疑慮如影隨形。無怪乎準名人堂強打瓊斯（Chipper Jones）得知他拒絕簽約時公開質疑；碰了軟釘子的老虎更不客氣，罕見透過各種非正式管道委屈自曝「捧上優渥合約卻遭拒」，等同拐彎批評陣中強投不識相。

大學主修金融、學業成績近A級的薛澤對數字敏銳、入學考數學成績近滿分，加上經紀人是知名的波拉斯（Scott Boras），對自己身價早有認知，有此決定自非衝動行事。那受傷風險呢？面對當年投手集體爆發肘傷所掀起的「韌帶移植潮」，他神色淡定道：「當你仔細研究，就會發現先發投手在大聯盟投超過四年後，受傷比例將大幅下降。」澄澈湛藍的右眸滿是智慧之光。

若將幼狼成年前尚未變色的藍色瞳孔比喻為看透複雜世界、成狼的深棕眸子視為野獸般原始狼性，那薛澤右藍左棕的眼珠子，則無疑說明了他在場上兼具洞見與激情的雙重特質。

投手丘上除了爆發力十足的投球姿勢，直覺導向亦讓他絕少顧慮手感而動搖執行某種球路的意志；極速上看百哩、搭配變化如電腦特效般的極品滑球，加上退敵後的振臂吶喊讓他彷彿恣意揮灑的瘋狂天才。但實際相處後，又會發現他活脫是個數理背景扎實、累積財富於彈指間的華爾街金童，信手拈來各式棒球進階數據皆能侃侃而談，並於消化後應用於實戰。

球涯初期，薛澤經常讓激情壓倒理智，大學教頭傑米森（Tim Jamieson）說他鬥志昂揚、滿腦子只想要讓對手揮空棒，卻駕馭不了性格和一手火球，導致高中畢業後落至四十三輪的後段選秀順位。從肢體可一窺強烈求勝意志外，曾為壘球選手、也熱愛競爭的老婆據說從不和他玩桌遊以免吵架；媒體諷刺他若非身穿制服，登板時一副隨時準備幹架的神情根本不像個球員；至於前隊友史托倫（Drew Storen）則打趣道：「從他上場那刻起就像身負重任，光看他投球就搞

一名投手的成長，是要靠經驗的累積，台灣人才真的很多，需要的是機會。

～呂文生

得我精疲力盡了。」

大學時薛澤一度遭遇信心危機，所幸校隊教練從技術與心理雙管齊下，不但球速提升了四英里，每個打席提早攻擊好球帶的策略亦奏效，加上老弟艾力克斯（Alex Scherzer）適時帶進數據觀念，打通了薛澤實戰和理論的任督二脈，成績因此躍進，接著於大三那年被相中，成為響尾蛇選秀狀元和全家的驕傲。

初進小聯盟雖大殺四方，薛澤的火球不久後卻失速，連教練團都莫名所以，最終帶自己走出低谷的竟是自家老弟。當時年方十九的艾力克斯一格格細心檢視投球影像，發現一線強力投手抬腿間隔普遍少於二十五格，老哥卻高達三十一格，因此喪失動能、球速減退。在弟弟幫助下薛澤重回正軌，隔年便登上大聯盟。

儘管長相神似、只差三歲，但薛澤自信果決、充滿企圖心且身體力行，反觀艾力克斯則是謹慎善言、思想成熟，數字感更勝一籌，凡事總能取得風險與報酬的平衡點，兄弟性格堪稱互補。由於薛澤從小患有雙眼瞳孔不同色的虹膜異色症，為免於異樣眼光影響，除了在父母引導下建立自信，艾力克斯的陪伴亦至為重要，兩人感情因此更加親密。

閒暇時，艾力克斯持續將棒球統計概念和薛澤交流，卻常換來質疑：「是投球本身帶動比賽，而非數字。」儘管如此，艾力克斯仍鍥而不捨，甚至在薛澤經歷表現不佳被交易、轉隊老虎投不出成績……等低潮時，再度以數據佐證老哥只是被擊出幸運安打比例偏高、實力並未衰退。果不其然，不久薛澤便跌深反彈且漸入佳境，與老虎王牌韋蘭德（Justin Verlander）組成球界頂尖的先發連拳。

就在球涯起飛之際，卻傳來艾力克斯因憂鬱症厭世、自縊驟逝的噩耗。直到這時薛澤才知道，為了不影響自己工作，父母和摯愛的老弟長期隱瞞罹病消息，導致他獲知消息當下悲痛到難以承受。

事發後兩天，匆匆返鄉處理喪事的薛澤暫撇千頭萬緒，銷假偕父母飛抵匹茲堡登板先發。儘管不諱言這是生涯「最艱難的一役」，但為了讓父母重拾生活意義，也暫時將自己從現實抽離，他仍決定為全家人、包括已逝的老弟披上戰袍。

懷著哀慟，薛澤主投六局失三分，雖未贏球，用心、堅強和勇氣卻教人動容，退場時部分得知不幸消息的海盜迷甚至起身為他鼓掌。據傳下場後，他立刻頭也不回地穿越休息區，遠離隊友和人群，沒入球場甬道盡頭，找個四下無人之處盡情痛哭、宣洩情緒……

比你有天分的大有人在，但沒理由讓別人練得比你更勤快！

～前紐約洋基隊隊長基特（Derek Jeter）

雖受弟弟影響愛上鑽研數據，還設計出被搭檔捕手戲稱為「擁有哈佛大學文憑才懂」的暗號系統，但對於蔚為風潮的各式進階統計，薛澤另有見解。他認為數據無法實質上幫助投球：「像『PITCHf/x』能追蹤出手點，但真要調整，還不如目視較快。」對他而言，數據較像拿來檢視表現、設定長程目標的工具；此外則是讓人了解到比賽帶有運氣成份：「有些因素是無法控制的，這些你就忘了它吧。」對於無常，薛澤現在更了然於胸。

懂得化繁為簡、善用數據後，薛澤只要登板，便有如完美結合自身感性與老弟理性的綜合體。二〇一三年，他奪下生涯首座賽揚獎；季後大膽拒絕老虎的延長合約雖引發議論，隔年仍以連莊勝投王之姿轉戰國民，簽下球史迄今第三高額的投手合約。

縱使高薪能一路領到三十六歲，薛澤卻未見懈怠，移籍首年就連創個人防禦率和三振數新猷，更寫下古今投手僅六度達標的單季兩場無安打比賽，首場甚至只差一顆好球便能成就完全比賽。最終雖未達成，但據統計大師詹姆斯（Bill James）建構、用以評量投手單場表現的賽分（Game Scores）顯示，薛澤該季三場賽分破九十五的華麗演出史上絕無僅有，同樣投出三場的另兩人則是靠延長賽加分達標，而他們正是生涯合計七百四十一勝、三振打者逾九千回的名人堂巨投——強森（Walter Johnson）和萊恩（Nolan Ryan），足見紀錄之驚人。

而季末K掉十七人的那場無安打比賽不僅三振數居球史無安打比賽之冠，一百零四賽分也只差曾於例行賽單場三振對手二十次的榜首伍德（Kerry Wood）一分。無獨有偶，二〇一六年薛澤便追上伍德的單場三振紀錄，躋身史上惟四展現此一神蹟、且三振率於其中居冠的最強豪腕。

之所以年過而立仍迭創佳績，源於薛澤不斷追求進步的特質，一如他曾說過：「你不是變得更好就是變得更差，不會待在原地。」不只投球，場上其他表現他同樣追求卓越。上述三場逾九十五賽分的比賽中，前兩場他個人就揮出兩安、完勝對手全隊；一旦上壘，更不甘只求安全而保守跑壘，舉凡離壘、搶壘、藉犧牲打推進等野手才會執行的戰術樣樣都來；遇上名人堂級的「神之左手」考法克斯（Sandy Koufax）更不忘勤學發問，邊聽指導邊低頭作筆記，完全不顧自己正坐在眾所矚目的講臺上。

縱使好還要更好，薛澤卻不愛被說是個完美主義者：「完美主義者希望變得完美，假如做不到就會挫折沮喪、陷入惡性循環。」他自認能接受缺陷，主要

我知道自己不是天才，只有不斷地打，把好的感覺變成反射動作。

～林智平

是因為「不足」所帶來的前進動力：「你不可能完美，但永遠可以試著變得更好。」

從棒球看人生，薛澤似乎也有著相同體悟。（正義鷹大俠）

幸運是完善努力與準備之後的附加產物。

～前布魯克林道奇隊總經理瑞奇（Branch Rickey）

成為台灣第一游擊手，這是我練習時的動力來源。

陳潤波

陳潤波

陳潤波，一九三〇年生，我國棒球史上最著名的游擊手，第一屆到第五屆亞洲杯國手，曾任合庫、可口奶滋、文化大學等隊總教練。

「我以後要當王建民」、「我以後要當陳偉殷」，打少棒的小朋友總是會這麼大聲地談起他的偶像及未來路。有個明確目標可以學習效法，的確是邁向成功的可行之道。但如果沒有呢？又該如何告訴自己一定會成功呢？

故事要從很久遠的二戰之後說起。

「二次大戰後，那時我十七、十八歲由日本回台灣，一些學歷證明還有工作證明並沒有跟著帶回來，所以沒有什麼工作機會，整天就是無所事事東晃西晃。那時候蕭長滾教練（前立德、榮工隊教練）和我舅舅黃皆得（一九五一年台灣第一次訪菲棒球代表隊員之一）是過去的投捕搭擋，而且和我父親也很熟，因為我小時候蕭長滾就常到我家走動，那時看我沒事幹的樣子，就問我要不要到他的球隊打球，算是收留我，想想那時他經營的體育用品店，還收了不少沒工作想打球的孩子，可以說是為了我們這些小孩子才搞了這麼支球隊，以當時一顆球就要二十幾塊的費用，組棒球隊實在很花錢。」

這是陳教練生前告訴我關於他如何走上棒球路的源起。但一個台灣人為什麼在戰後從日本回到本島？原來二戰期間陳潤波參加日本招募的修飛機技術班，就這麼到日本學習工作直到戰後才返回。

剛回台灣時，戰後經濟情況雖然不好，全台的棒球風氣卻很興盛，許多尚未歸國的日本學生也常加入球隊比賽。當時高雄棒球隊就有五、六十隊之多，不過只有兩隊打的是硬式棒球，其中一隊就是蕭長滾教練帶的，另一隊則是旗津隊；球隊多，比賽更多，正月有元旦棒球賽，春夏秋冬四季還有各種不同賽制，當中更有協會杯、青年杯、金像杯等比賽，當時大家雖然都窮，棒球的根卻很扎實，各機關愛打棒球的人大有人在，那時的鐵路局、糧食局、公務局、電力公司等單位也都設有棒球隊。

球隊多競爭自然激烈，也許是一種不服輸的天生個性使然，陳潤波很想在棒球比賽贏過別人，包括自己的隊友。事實上剛打棒球時，陳潤波並不是游擊手，而是先後守過捕手、外野手等位置，特別是加入台電隊後，內野好手多到輪不著他來守最重要的游擊大關。直到轉到海軍棒球隊，由於內野手缺人，他才有了守二三壘之間的機會。而在古早年代，打棒球多數是純興趣，說到因打棒球而出人頭地，應該只有兩條路：進入公家機關棒球隊或是成為台灣代表隊一員。

但陳潤波的志向很特別，他是這麼說的：「我的目標就是超越當時台南市有一位很好的游擊手，只要有他的比賽，我一定會去現場，而且很注意看他的每一

一個球員開始滿足就完了，必須時時保持奮鬥意識。

～大聯盟名人堂球員福斯（Nellie Fox）

個守備動作，我絕對要在短時間內超越他，成為台灣第一游擊手，這是我練習時的動力來源。」有動機，練習自然起勁，即便被操也心甘情願，而當時海軍棒球隊的教練很巧的就是陳潤波的啟蒙老師蕭長滾，對於陳潤波的企圖心，蕭長滾了然於胸，所以操起陳潤波來也倍數於他人。

當時除了接受教練的苦操，陳潤波還要面對另一重挑戰——台灣惡劣的球場環境。陳潤波曾說：「那時台灣幾個比賽場地，一個比一個恐怖，北投球場是岩盤地，內野硬、小石頭又多；台南球場戰時被挖起來種蕃薯，戰後才被填平，因為灰沙實在太大，每次比賽前還得動用消防車噴水才能用；台中球場內野到處都是雜草，比賽開始才找工人把草挖起來再修一修，修到最後內外野間還有一大段落差；只有圓山球場的場地比較好，但戰後不久就被美軍徵收了。」但這些辛苦，都無法削弱陳潤波要成為台灣第一游擊手的決心，這段期間，也是陳潤波球技成長最快速的時候。

由於球技長足進步，陳潤波此後成為台灣不動的當家游擊手，從第一屆亞洲杯成棒賽開始，陳潤波就入選國手，一直到第五屆國手名單上仍然有他，陳潤波也是台灣唯一一位連五次入選亞洲杯國手的人。台灣第一游擊手的名號是當之無愧，這也是他長久以來心心念念的目標。

得到苦追的目標，這一路走來究竟值不值得？陳潤波以一段話為自己的棒球生涯做了總結：「怎麼樣成為好的游擊手，我想除了練習再練習，沒有其他方法了，現在選手的各種條件都比我們當年要好得許多，沒有道理練不好。當一名棒球選手的價值何在？我想就只有打了場令人難忘的好球或是受到別人肯定，如此而已；直到今天仍然有許多老球迷會對我說當年他看到我在游擊區身手如何了得，能夠接到一個讓別人記一輩子的球，想想實在是很過癮。而當年日本巨人隊到台中集訓，我和父親特別到台中去看他們練球，其實我們主要是看巨人隊如日中天的游擊手黑江的守備動作，當看完後在回家的路上，父親對我說：『雖然自家人不該自誇，但看到黑江的守備，我要客觀的說一句，他絕對沒有你好！』雖然只是父親的一句讚美話，但我想我過去的苦練就值得了！」（曾文誠）

會打棒球一定有目標，不管你的目標是什麼，就是全力去達成。

～羅錦龍

天才都是練出來的。

林承飛

林承飛

出身於桃園平鎮高中，二〇一五年投入中華職棒選秀，在第二輪第四順位被Lamigo 桃猿隊挑走，隨後以簽約金四百萬元的條件加盟，創下當時中職高中野手簽約金紀錄，二〇一七年拿下中職總冠軍賽優秀球員獎。目前仍是中職最年輕全壘打打者、總冠軍賽打點紀錄、總冠軍賽最年輕全壘打打者等紀錄保持人。

身材條件並不特別出色的林承飛，是個阿美族戰士，剛加入平鎮高中，年僅十六歲的他，就以高一球員的身份，在球隊中擔任負責清壘的第四棒，還扛下最重要的游擊大關，幾乎所有守備位置都能勝任，讓當時平鎮總教練張滄彬也不禁讚道：「這小子實在是個天才。」

「天才」這個稱號，就這樣一直跟著林承飛，高中三年過去，他也成了當時高中棒壇的中流砥柱，游擊大關已不作第二人想，在這個關頭，他想的是，該上大學繼續學業，並繼續精進自己的球技，或是讓自己野心大一點，直接跨過大學這一關，大膽挑戰職業棒球的殿堂，在這人生的十字路口，他苦思了好久。

直到中華職棒報名截止日之前的兩周，他才終於下定決心，不甚寬裕的家境，或許是讓他決定進入職棒的原因之一，他希望能靠職棒的簽約金與不錯的月薪，來改善家裡的環境。

當時Lamigo球探石志偉追蹤了林承飛很久，「林承飛打球很冷靜，協調性非常好，對我們來說，他不只是『大物』，我們甚至認為他有機會變成『怪物』級的球員。」就這樣，林承飛帶著「年輕版陳鏞基」、「十八歲的林智勝」的評價進入了職棒場上。

你一輩子當中花了很長一段時間抓著棒球，然後最後才會發現其實是反過來的。

～前洋基投手布頓（Jim Bouton）

沒有多久，林承飛就展露出對應他評價的身手，二〇一五年前半年還在念高中的他，九月份正式進入Lamigo桃猿，開始他的職棒生涯，他在該年的二軍總冠軍賽的第四戰中，單場敲出四支安打，其中剛好全壘打、三壘打、二壘打、一壘打各一，讓他成為史上第一個在二軍總冠軍賽中達成「完全打擊」紀錄的球員，這樣的成績看在球團眼裡，立刻在二軍球季結束後把他拉上一軍。

個性很低調平實，但表現卻註定不會低調的林承飛，立刻敲出生涯首安，兩天後，他以十八歲又一百八十七天的年紀，成為中華職棒史上最年輕擊出全壘打的球員，更讓球團確定，他就是游擊防區的解答，也是球隊未來的基石。

球季結束後，他被球團選中，與總教練洪一中一起赴日本石垣島，參加羅德隊的秋訓，也讓洪一中得以近距離觀察到這個「天才」的一舉一動，洪一中當時形容：「有一天看到承飛在特打，份量非常大，打到打擊手套都滲血了，他還是把他該做的課表咬牙做完，一點都沒有喊苦。」對洪總來說，他在球場上看到的是林承飛的天分，而在這裡，他看到的是職棒球員能成功的另一個更重要特點——態度。

就是這樣認真的個性，球季結束後的林承飛沒有停下來，繼續努力把自己準備到最好，在隔年春訓開始時，他已經暖機完畢，整個春訓繼續讓教練團看到他的認真，因此在這一年的開季，他直接以一軍球員的身份出發，但在這個時候，大家對他的定位，其實也大概只是個替補球員，表現不好隨時回二軍，「高中野手一定要培養好幾年」的說法依舊是主流。

但就在開季第一場比賽，林承飛代打上陣，竟然敲出逆轉戰局的滿貫砲，那天他成為最年輕的滿貫砲打者，「天才阿飛」的稱號立刻不脛而走。

但也因為這樣的表現，為這個未滿十九的孩子帶來了無比的壓力，特別是接下了看板球星林智勝留下來的游擊防區，所有人都在觀望著他，用放大鏡檢視著他，讓他一時之間難以承受，林承飛開始出現離譜的失誤，打擊成績下滑，身體也出現異狀，甚至壓力大到在賽前嘔吐、內分泌失調，天才好像暫時還沒辦法成大器。

有過人成熟度的林承飛，沒有被這個壓力擊倒，反而很快的克服了這個困境，在守備教練蔡昱詳的細心帶領下，林承飛修正了自己比較不穩定的守備步伐，過去因為墊步太多，導致傳球的節奏感不對，他透過一次又一次的練習，除去了這個困擾他許久的大魔神，重新建構了自己的守備模式，奇蹟似地在幾個月

練球與做人道理十分相似，就是真誠。每一秒都得付出最真實的自己，因為你騙不了自己。

～「台灣巨砲」陳金鋒

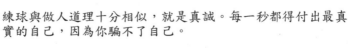

裡面，從傳球時大家不忍卒睹的游擊手，變身成為金手套等級的強者，完全站穩Lamigo的先發游擊防區。

有人問他，對自己的「天才」兩個字評價怎麼定義，林承飛笑了笑，「我不是天才，每個人都是練出來的。」在他的心裡，天分是上天賜予的禮物，但唯有不斷地練習，才能把那些天分轉化成打擊排行榜上的數字，或是一次又一次的精彩守備，在球季結束後，變成了一堆的獎座，如果不努力，天分終究只留在身體裡面，然後球迷繼續期待著下個天才出現。

「別人怎麼看你不重要，我自己知道自己該做什麼就好，很多被稱為天才的人，也都是練出來的。」林承飛在場下練得比別人更久，更苦，就連被他擠到板凳的學長後來也被他感動，常常主動來提點他一些小細節，幫助他在技術與觀念上更加穩定，蔡昱詳教練說：「承飛真的有天分，又肯練、肯學，能夠這麼快打出成績，一點都不意外。」他給林承飛的註解非常寫實，叫做「苦練出來的天才」。

林承飛當年寫下的高中野手四百萬簽約金看起來很高，但隔年很快就被自己在國家隊時的隊友申皓瑋，以五百二十萬的金額大幅改寫，很快的，四百萬未來會變成更一個微不足道的數字，或許再過幾年，會連前十名都排不到，但就是因為林承飛，才讓更多人相信這些高中的「天才」，是有很高的投資價值的，也讓球團轉換了思考方向，願意花更多時間與金錢，去投資這些未來的潛力股，讓更多的高中球員，可以在選秀會上前進到高順位。

在石垣島練到染紅的打擊手套，說明了林承飛的棒球態度，他不願意承認自己是天才，是因為他比資質一般的球員，花了多上數倍的心力，才讓自己成為一個「被認證的天才」，正如他所說，天才，真的是練出來的。（鄭又嘉）

如果大家認為不努力也有成就的人是天才，那我不是天才；
如果努力之後完成一些事的人被稱為天才，我想我是天才。

～大聯盟單季最多安打紀錄保持者鈴木一朗

要在大聯盟討生活，你不能只有一種生存方式。

陳用彩

陳用彩

巴拿馬籍華裔球員，十六歲時就被大聯盟相中，多年來在大聯盟彷彿浪人，卻總是能佔有一席之地，二〇一三年經典賽時中國隊曾經想徵召他出賽，但因為中國對國籍認定相當嚴格而作罷，最後他代表巴拿馬出賽。到下屆二〇一七年經典賽時，終於如願代表中國隊出賽。

有人也許不是非常起眼，卻非常實用，也許不是跑得最快，卻總是能走得最遠，華裔左投陳用彩就是這樣的好球員，他從來沒有拿下任何一座個人獎項，也不是什麼賽揚名投，甚至生涯沒有完投過一場比賽，但長達十六年的時間，陳用彩都有在大聯盟留下出賽記錄，不僅顯示出他有過人的實力，同時更有一套生存與保養之道。

從一九九八年開始到二〇一五年為止，陳用彩一共換了十一支球隊，唯一比較安定的時間是二〇〇九年到二〇一四年，他足足在皇家隊待了六年，不管到哪裡，他總是有辦法在大聯盟出賽，就算中途已經被認為生涯結束了，他還是能奇蹟似的上演復活戲碼，最終大聯盟生涯共留下了八十二勝的成績，已經算是相當出色。

二〇〇五年是陳用彩的巔峰，該年他在金鶯拿下單季十三勝，看起來人生正要開始順遂，但隔年開始卻因為受傷，立刻陷入生涯最大低潮，總計後來的四年加起來的戰績是一勝十三敗，大聯盟生涯看似要告終了。

「那幾年我我學會很多，特別是一個看似很成功的球季，之後立刻就碰到大低潮，這說明的是，**大聯盟沒跟現實世界一樣，都沒有永遠的成功，在你以為自**

沒有失敗這件事，只要你能在裡面學到一些事情，就是成功。

～郭泓志

己贏了的時候，失敗馬上就會找上門來，你隨時都大意不得。」陳用彩覺得那四年的空白是在提醒自己，永遠都要做好面對失敗的準備，而所謂的「準備」，項目實在多到數不清。

沉潛了那四年，陳用彩沒有讓不斷竄起的新秀們把自己淹沒，二〇一〇年他不僅重新找回舞台，甚至又拉出了一波高峰，他成為皇家先發輪值中最穩固的基石，連續三年都拿下單季兩位數勝投，二〇一二年甚至投出了全大聯盟最多的單季三十四場先發出賽，而且皇家當時正處於換血的陣痛期，戰力並不出色，陳用彩能有這樣的表現已屬難得。

陳用彩的巔峰時期的快速球，也不過在九十英里左右，到了生涯中期過後，大概只剩不到八十七英里，卻能常保競爭力，原因在於他非常懂得運用頭腦，也懂得該怎麼與時俱進，在皇家隊開啓第二春時，他分享了自己的成功哲學。

「要在大聯盟討生活，你不能只有一種生存方式。」

「大聯盟是非常現實的地方，不管是運動科學觀念、訓練方式都一直在進步，而投手能進步的幅度遠遠不及打者，所以你一定要學著因應環境去改變自己，永遠讓自己保持競爭力，才能在大聯盟活下去。」陳用彩說，他知道自己不是個擁有爆炸性球速的火球男，更沒有一顆變態的變化球，因此，為了生存他得試著找出自己的優勢，更難的事情是，不能讓優勢消失。

陳用彩擁有左投的優勢，因此他從這一點開始出發，「投手一定會面臨球速變慢這件事，但還好我是左投，打者比較不容易習慣，只要改變一下出手的角度，或活用一些投球策略，還是能彌補球速上的劣勢。」陳用彩原本是採用高壓投法，生涯中期慢慢調整成四分之三的投球位置，在皇家隊那幾年，他為了增加變化球的角度，再主動把自己改成側投。

他的想法很簡單，因為大聯盟投手如果不夠快，就要夠怪，雖然自己的習慣位置是先發，但更改投球動作後讓他對戰左打者更有利，如此一來，他就算搶不到先發位置，也能以左打剋星的身份，在牛棚佔有一席，而且他耐投、用球數精簡的特性，也讓自己成為長中繼的最佳人選之一，幾乎能扮演所有角色。

保持身體的健康，更是陳用彩最注重的，因為不管你身懷多少種絕世武功，只要碰上傷勢來磨無法上場，坐在板凳席上也是苦無用武之地，因此他不飆球速，不追求三振，想辦法用最快的速度讓打者出局，上場前他也增加自己的熱身時間，降低投球時受傷的可能性，用盡所有方式，讓自己保持所有能留在大聯盟

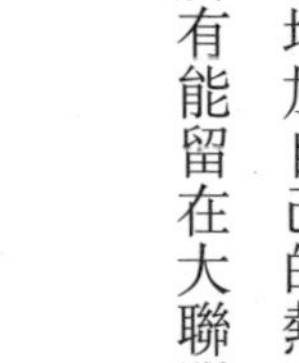

如果能找到一個兼具火焰般速球、優異曲球和滑球的投手，我會認真考慮和他結婚，或至少向他求婚。

～名人堂教頭安德森（Dave Edler）感嘆好投手難覓

的競爭力。

華裔的陳用彩不會講中文，但他看到另一個「CHEN」，也就是來自台灣的陳偉殷還是特別親切，也從陳偉殷身上看到了自己的不足，「同樣都是左投，都姓陳，但陳偉殷就是有力量的投手，他球速比我快多了，而且每年都在進步，他的成就一定會比我高很多。」陳用彩說，「但也因為這樣，我就得更努力了，就像我說的，要花更多時間去想，怎麼讓自己在每次對戰打者時，看起來都是不一樣的投手。」

陳用彩沒有陳偉殷快，就繼續怪下去，他繼續用多樣化的變化求與怪異的動作迷惑打者，皇家隊投手教練艾蘭德（Dave Eiland）稱讚陳用彩，「他真的是用頭腦在投球的投手，你永遠不用為他擔心，因為他永遠準備充足。」

儘管在皇家隊時期再度獲得生涯的巨大成功，不過傷勢最後還是找上了陳用彩，他椎間盤突出的問題始終無法根治，二〇一四年他整季都在與這個傷搏鬥，最後因為對投球影響實在太大，讓他成績跌落谷底，最後就在九月擴編時遭到皇家隊釋出，隔年轉戰印地安人後也不見起色，此時他正式宣布退休，結束這很低調、卻也很傳奇的十六年。

在大聯盟快速隕落的巨星太多，印證了「最亮的光永遠熄滅的最快」這句話，陳用彩沒有那麼刺眼的光芒，卻用很柔和的方式，舒服又長久地照耀著，他的生存方式不只可以適用在球場，更可以應用於人生，因為往往能順應著時代進步，不安於現狀的人，才能走得更遠。（鄭又嘉）

升上大聯盟不是最困難的事情。其實最難的部分是留在大聯盟裡面。

～前大聯盟球員、總教練羅斯（Pete Rose）

打者只有一種打擊姿勢，但我有五顆球的空間可以來對付他

林英傑

林英傑

中職史上少數曾經達到單季兩百局投球與單季兩百K的強投，後來與林恩宇先後赴日發展，但兩人都因被過度使用導致受傷，在日職沒有留下太多紀錄，但兩人在誠泰時代一左一右，被認為是中職史上最強的「左右護法」。

好的投手可以主宰一場比賽，這也是為什麼天王級投手能在大聯盟屢屢拿下天價合約的原因，而這些「好投手」的共通之處，不是有飆破一六〇公里的火球，也不是單場能投一百五十球的超凡體力，而是一顆聰明且冷靜的腦袋，而「三毛」林英傑正具備這樣的條件，也是他在棒球路上成功的關鍵。

林英傑成名很早，早在青棒時代，他就與曹錦輝成為高苑工商的左右護法，高苑在他們兩人聯手之下，幾乎橫掃了當時青棒的大小比賽，囊括了所有獎杯，建構出當年的「高苑王朝」，畢業後，曹錦輝受到美國職棒青睞，簽下了天價合約，一路直闖大聯盟，沒有拿到好條件的林英傑選擇留在台灣，命運也開始捉弄著他。

僅僅十九歲的年紀，林英傑就在台灣大聯盟以先發身份出賽，僅僅第三個球季，他就拿到了勝投王與三振王，也入選了二〇〇一年世界盃國手的觀察名單，世界盃雖然不是什麼重要的比賽，但那年比賽在台灣舉辦，如果有好表現，不僅可以一砲而紅，還能順勢解決兵役問題，但很可惜，因為受傷，這兩個好處，林英傑都沒有得到。

因為該年台灣嚴禁役男打職棒，因此沒有當選國手的林英傑遭到「處罰」，

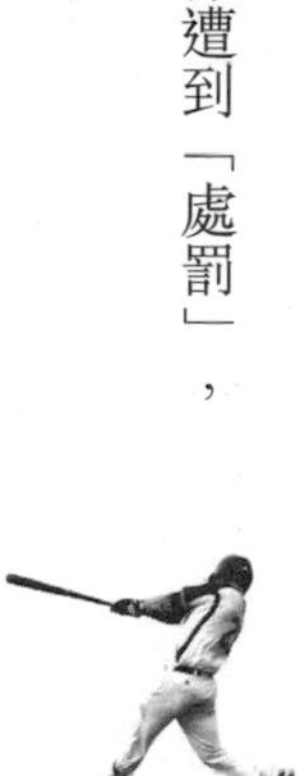

我想要當大聯盟球員，這樣我才能看到泡泡糖附送的卡片上有我的相片。

～1960年代的大聯盟選手費拉拉（Al Ferrara）

他無法入選國訓隊，得去一般兵役單位，當兩年所謂的「大頭兵」，因此他被迫脱下球衣，穿上海巡署制服，在台東海岸邊過著兩年沒有棒球的生活，對一個職業球員來説，這簡直是場災難。

「那兩年只能趁放假的時候，找以前的隊友丟丟球，但心裡還是很慌，我不知道退伍後該怎麼辦？這樣的空白能不能補得回來？」林英傑説，數完兩年的饅頭，兩聯盟也合併了，他被分到誠泰太陽隊，沒有人看好這個幾乎已經在棒壇消失了的名字。但林英傑卻只利用短短幾個月的訓練時間，不可思議地讓自己回到巔峰。

突然地，林英傑複製了兩年前當兵的身手，甚至球速、球威都再向上升級，與林恩宇、許竹見成為當年的「誠泰三本柱」，就像當年跟曹錦輝的無敵組合一樣，三本柱開始橫掃中華職棒，他與林恩宇幾乎拿下了所有投手獎項，誠泰從谷底翻身，拿下了隊史首座季冠軍。

有一次被問到投出好成績的祕訣，林英傑笑笑説：

「打者只有一種打擊姿勢，但我有五顆球的空間可以來對付他。」

這句話，充分地説明了林英傑在投手丘上的過人智慧。

「打者站在那裡，想著投手會投手什麼球，不論如何，投手都佔有優勢，所以我有什麼好怕的。」林英傑的想法是，投手擁有主動性，打者只能被動接招，即使投到兩好三壞，自己只要能把打者解決，那麼前面這五顆球就夠有價值，「學怎麼投好球很重要，但那幾年我學到更多的，是怎麼投壞球。」

投打對決是一場精密的心理遊戲，林英傑就很投入這場遊戲，過人的記性加上勤做功課，讓他對每個打者的習性瞭若指掌，該對決的時候他決不退縮，但大部份的時候，他更享受「欺騙打者」的快感，總是能在出其不意的情況下，投出打者意想不到的球路、位置，或是利用球速與節奏的快慢搭配來擾亂打者，這使他進入中職的前兩年，不但在成績上獲得極大的成功，也讓日本職棒看上了他。

僅僅兩年，他就從一個每天抓偷渡客的巡岸員，變成日職樂天金鷹隊的投手，一圓高中畢業時無法出國發展的夢，可惜的是，在中職的那兩年都超過兩百局的投球局數，依舊對他造成了無可挽回的傷害，加上日本的訓練量太大讓他無法適應，三年下來沒有在一軍拿到任何一場勝投，黯然地重返中職，此時的他，已經不復當年超級左投的身手了。

返台後，他從興農到義大，再被釋出後到了兄弟，一路換穿了六件球衣，年

我的球速可以更快，但為什麼不呢？很多投手遇到困難時想讓球更快更猛，我重視的卻是進壘點。

～大聯盟名人堂投手麥達克斯（Greg Maddux）

紀加上傷勢影響，球速從最快一四六公里到不及一三五公里，林英傑就像一顆快速墜落的流星一樣，快得幾乎讓人忘記當年他在誠泰時呼風喚雨的模樣，但沒有變的，卻是他在投手丘上的智慧，以及多年下來累積的經驗。

「受傷再回來以後，狀況當然沒有以前那麼好，但我很努力把身體維持在最好的狀態，有機會上去投，我就是做更多的準備，來彌補自己不足的地方。」林英傑知道自己不可能再回到巔峰，那麼能夠做的，就是把自己「五顆球」的理論發揚光大。

穿上黃衫的第一年，林英傑當然沒有變回那個曾經單季投出兩百K的超級強投，但他卻在這個打者全面爆發的超級打擊年裡生存下來，成為聯盟裡少數可靠的本土先發之一，也在這一年裡，達成了生涯第一千局的投球以及生涯第一千K，總教練吳復連稱讚他「很會玩球」，也許是對林英傑最生動，也是最高等級的讚美。

回顧自己的棒球人生，林英傑不如意的時間比風光的時刻還多，但正因為他從來就知道不能只靠天賦投球，他想的是，在狀況不好時如何能解決打者，在球速不足時如何克敵制勝，總是能想辦法用頭腦贏球，讓林英傑得以延續著棒球生

涯，因為不論在什麼狀況下站上投手丘，他都可以在五顆球的空間裡，讓打者用不同的方式出局。（鄭又嘉）

投手跟打者就是對決，不想死就幹掉他。

～郭泰源

我是練武奇才。

劉芙豪

劉芙豪

因為長得像漫畫「破壞王」裡的澤村典隆而被稱為「小破」，是台灣少有能在攻、守、跑三端都能有全面演出的球員，豪邁的揮棒姿勢是他的註冊商標，曾經在第四屆亞洲職棒大賽中痛擊南韓代表SK飛龍隊，他單場轟出兩發三分砲，成為中職參賽史上最令人記憶猶新的畫面之一。

進職棒的第一個打席就敲全壘打，完全說明了「小破」劉芙豪的特質，他是一個為了全壘打而生的男人，然而支撐他轟炸各座球場的，就是他總能迅速從傷勢中復元的強健體魄，還有他為了打球，所做足的各種功課。

每個職棒新人都只會有一次首打席，但劉芙豪用最好的方式讓大家記住，他在第二球，就把小白球送出右外野全壘打牆外，風光地完成了生涯首打席就敲全壘打的紀錄，不過劇本當然沒有這麼美好，因為從那一天之後，小破開始著了魔的低潮，那一整年結算成績，他竟然就只有兩轟，打擊率更是極為悲劇的一成一七，只當了一天超級新人，好像就要開始被遺忘了。

但小破沒有想要這麼虎頭蛇尾的棒球人生，隔年先努力把成績回復到正常值，暖機完成後，第三個球季他就破繭而出，拿下最佳十人中的外野手獎項，也拿到金手套獎，等於攻、守都獲得肯定，也是從這一年開始，奠定他在右外野飛撲接球，長傳本壘阻殺跑者的「破式風格」，從二〇〇六年開始，他在金手套獎外野手演出六連霸，至今仍與黃甘霖並列中華職棒最長的蟬聯紀錄，它讓所有跑者繞過三壘前都會多想一下，因為「右外野有劉芙豪」。

最能形容劉芙豪棒球人生的，堪稱二〇〇九年時的那次受傷，該年季初時，

踏上投手丘就像在做實驗，有時即使贏了，但實驗結果不好也高興不起來。

～松坂大輔

他被象隊投手李濠任的觸身球直擊肋骨，當場立即送醫檢查，結果是相當嚴重的肋骨骨折，醫生診斷他至少要休養兩個月的時間，大概會錯過整個上半季，但驚奇的是，僅僅四個星期的時間，小破已經重新回到球場，大家驚訝地問他為什麼，他只笑笑說了一句：

「因為我是練武奇才。」

這句來自周星馳電影「功夫」的經典台詞，就此成了小破的代名詞，其實他並不是真的天賦異稟，也不是跟電影裡的主角一樣，是個擁有一夜就能治癒傷勢的奇才，他只是更認真投入復健，比別人更早點想重返球場，當心裡有強烈的渴望時，就會用盡各種方法讓自己加速復元，身體就會跟上你的意志力，這時候，奇蹟就可能會出現。

「當然那時候傷勢還沒有完全好，就算上場也只能代跑或代打，但是能夠回到球場，感覺實在太棒了。」他穿上特製的護胸，避免再因為碰撞而使傷勢加劇，醫生也再三叮囑他，不當的外野撲接、滑壘都有可能導致他這一個月的復健前功盡棄，剛長出來的骨膜並無法完整保護斷裂的肋骨，只要一個不小心，可能一整個球季就報銷了。

小破在回來的第一個月僅可能地小心翼翼，但隨著復原情況愈來愈好，他也逐漸放開手腳來打，外野草上飛的景象再度頻繁上演，結果這一年他不僅首度達成單季雙位數全壘打（十一支），還幫助統一獅隊完成隊史的首度總冠軍三連霸，一點都看不出是個整季飽受肋骨骨折傷勢所苦的球員。

事實上，對整個中華職棒來說，二〇〇九都是黯淡的一年，因為前一年發生了米迪亞暴龍深陷放水風暴的「黑米事件」，整隊幾乎有八成以上的球員都淪陷，好不容易要撥雲見日的中華職棒又落入無底深淵，風暴一直延續到這一年，這讓一向珍惜羽毛的小破非常痛心，每天坐在板凳席上看著空蕩蕩的觀眾席，心中只想著能早點回到球場，繼續做一些能讓球迷感動的事情，這也是促成他變身「練武奇才」的原因之一。

另一個讓小破維持身體強度的，是他對訓練的知識與堅持，從進職棒開始，他就會把握沒有比賽的時間，大量吸收外國職棒的知識，舉凡最新的球具、訓練方式、營養補給品，他都有很深入的認識，賽後，他也會針對自己的傷勢積極地治療、按摩，在球季結束，所有人都在休息的時間，他也絕對不鬆懈，用更堅實的訓練當作最好的保養，讓他始終能維持體能不墜。

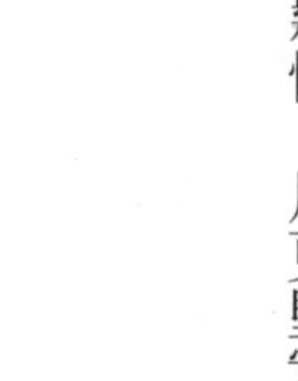

運動員不要想休息，而是要在有限的黃金時期努力練習，不要怠慢。

～曾華偉

現年三十八歲的劉芙豪，也沒有閒下來，這幾年他一樣透過自己的資料搜集，發現鈴木一朗都會去日本鳥取縣的一個訓練機構做季後的強化，經過研究後，小破發現這與他過去對訓練的認知不同，他決定給自己一次嘗試的機會，便在二〇一四年首度前往，結果與這個模式一拍即合，加上自己的融會貫通，幫助他在二〇一五年僅打半季（出賽六十一場，新人年後的新低）的情況下，竟然轟出十五發全壘打，寫下生涯新高，這不是練武奇才是什麼？

二〇一六年在獅隊全面啟用新人的政策之下，小破的出賽空間受到了壓縮，首度在沒有受傷的情況下，在二軍展開球季，但他還是立刻收拾失望的心情，用實力把自己打回一軍，依舊在有限的出場空間下，再度達成自己單季雙位數全壘打的「低標」，同時更在這一年，小破成為中華職棒史上第六位完成「千安百轟百盜」的球員，也是隊史上唯一一位在獅隊達成里程碑的球員。

不管劉芙豪還能無視歲月的地心引力多久，還能繼續轟炸台灣各大球場幾次，他都讓自己成為真正職業球員的典範，為了要上場「比賽」，他做足所有能對自己比賽有幫助的事情，也努力開發自己在場外的價值，甚至還去拿了個碩士學位回來，就算有一天離開球場，他也不會擔心，因為他一定會對自己所經營的未來做最好的規劃跟準備，就是這樣的態度，讓他成了實實在在，不怕傷、不怕痛，子彈永遠保持在上膛狀態的「練武奇才」。（鄭又嘉）

要如何將練習中所獲得的部份與成果相互結合，希望你們打球的同時也能一邊思考這樣的問題。

～世界生涯最多全壘打紀錄保持者王貞治

如果哪個時刻我忽然不想成為自己，那我就真的是個笨蛋。

貝拉（Yogi Berra）

貝拉

棒球界哲學家，曾被著名媒體《紐約客》評為繼前英國首相邱吉爾之後話語最常被引用的名人。洋基二代盛世主力捕手、攻守俱佳，球涯冠軍戒十隻手指掛不下。

儘管仍是一介菜鳥，但當貝拉初次踏進洋基球場主隊休息室，發現迎接自己的竟是猴模猴樣吊掛在天花板下擺盪、裝猩猩鬼吼鬼叫的隊友們時，臉色絲毫未變，只是心裡暗自嘀咕著：「我不是靠臉打球的。」

個頭矮壯、手長腳短，身高不到一七三公分的貝拉非但身材如同史前靈長類，有著一對招風耳、大鼻頭和高聳前額的相貌，更活脫童話故事裡的小精靈翻版。面對嘲諷之所以神色自若，乃因從小便屢遭奚落，光從神似電影裡尤達大師坐姿而被賦予的怪異外號「Yogi」便可見一斑。

外貌對貝拉的影響不僅止於日常生活，愛打棒球的他從小就是在地紅雀隊粉絲，長大後和鄰居一同參加該隊測試，不料技藝高上一截的他簽約金居然連好友的一半都不到，「外表看來不像棒球員」成為阻礙棒球路的致命傷。

好不容易在當時擔任巨人教頭的名人堂外野手奧特（Mel Ott）青睞下引發洋基注目並出手延攬，孰料簽約後才和總管麥克菲爾（Larry MacPhail）見過一面，貝拉便獲得「像個無名雜耍班裡的替補演員」此等低劣評價。直到升上大聯盟，傳奇教頭級的恩師史坦哥（Casey Stengel）仍開他外表玩笑，打趣地對媒體表示：「別再說一些他住樹屋、像大猩猩用手在樹藤間擺盪的事了；還有，也別

練習，是不會說謊的。

～前日本職棒選手大田卓司

再亂餵他花生了。」

貝拉坐鎮的捕手位置形同場上指揮官，非但心思要縝密，最好腦袋還能靈活聰明，可惜書念得不多的他和「智慧」二字貌似無緣。當念醫科的隊友在寢室裡苦讀時，他老大在一旁看漫畫看得不亦樂乎，還問人家「你那本的故事結局如何？」被問到不懂的艱澀問題時則反嗆：「有人想當天才是他家的事，那對打擊率又沒幫助。」而樂觀到無可救藥的性格更讓人對他場上的鬥志存疑，一九五八年因守備拙劣移防中外野、某天練習被飛球砸中臉時，他只是笑笑：「好在球還沒K到我的頭頂。」

所幸也因為正面思考，貝拉並未被看衰他的人和輿論擊倒。擅用長臂以及能快速揮棒的柔軟手腕，貝拉很快發揮打擊天賦。至於羞赧臉皮薄的性格雖讓他站上打擊區時常因怕被看笑話而快快發動攻擊，卻意外激發出甚麼都能打的全方位揮棒技能。據說他曾將高球砍成強襲安打、落地反彈的低球撈出全壘打牆，揮棒力量與技巧兼具，甚至玩笑自誇：「假如我能打到，那就是顆好球。」關鍵時刻的難纏程度甚至被譽為「史上最強的末三局打者」。

在守備部分，經初代洋基王朝前輩捕手迪基（Bill Dickey）一對一調教、勤練基本功後，動作本就迅捷的貝拉不僅防守脫胎換骨，記憶力強、利於引導投手配球的潛質也被完全激發。易緊張的個性則讓他化身本壘後方著名的碎嘴仙，對方打者只要上場莫不被他叨念到表現失常，就連史上最後一位締造單季四成打擊率的「打擊之神」威廉斯（Ted Williams）都常氣得失控大吼：「你閉嘴！」

除了以亮眼攻守表現助球隊贏球，貝拉也是著名的「幸運星」。在競爭激烈、奪冠可遇不可求的大聯盟戰場上，效力洋基十八年的貝拉就參加了十四次世界大賽、拿下十座冠軍；若加計擔任教練、總教練生涯則二十一度叩關世界大賽、摘下兩隻手都戴不完的十三枚冠軍戒。想和貝拉比誰冠軍戒多，恐怕得拿整支球隊來較量，因為史上除母隊洋基外，沒有一隊贏得世界大賽的次數多過貝拉。就連退休後受邀至洋基球場參加「貝拉日」活動時，當天擔任先發的孔恩（David Cone）都奇蹟似地投出史上第十六場完全比賽！

正因幾乎等同勝利的代名詞，恩師史坦哥曾笑稱「沒有貝拉在我就不開賽」，甚至形容這位子弟兵的運氣：「就算跌進水溝，也能帶著金錶爬出來。」據傳某次洋基隊搭飛機時遭遇暴風雨，原先大家不以為意，直到發現貝拉居然沒一同登機時，心底這才開始發毛……

修正缺點時，也會同時失去部份優點。

～日本職棒強打者落合博滿

走過輝煌球涯，貝拉曾在許多名留史冊的戰役中留下經典身影，包括一九四七年扛出世界大賽史上首發代打全壘打、一九六九年助萬年爛隊大都會奇蹟奪冠等，而一九五六年接捕完世界大賽史上首場完全比賽後，忘情縱身投手拉森（Don Larsen）懷中、展現熱情與童心的場景，更無疑經典中的經典。

只不過一出球場，性格羞赧的他便無異常人，面對記者時更常因教育程度不高、心直口快加上緊張，說出文法與時態謬誤、完整度不足，或是辭不達意的語句，甚至因而遭譏智商不高，但這些話最終卻往往因似是而非的哲理風靡一時，其中如「球賽不到終了，都不算結束」、「我一直認為，紀錄會樹立直到被打破為止」、「未來將不同於過去」……等都是耳熟能詳、常被引用的名言。

不只發言常誤打誤撞而大受歡迎，出身寒微、各方條件堪稱「魯蛇」的貝拉也出乎意料地擁有令人稱羨的「溫拿」人生。上大聯盟前當兵怕無聊、自願上前線竟成為獲頒紫心勳章的二戰英雄；一封提起勇氣寄出的情書替不善辭令、其貌不揚的他擄獲專精投資理財且生下三個兒子的嬌妻芳心，稱之人生勝利組毫不為過。去年去世不久後更獲歐巴馬追頒象徵美國公民最高榮譽的總統自由勳章，無怪乎當回顧自己的一生時，他毫不猶豫地脫口而出：「如果哪個時刻我忽然不想成為自己，那我就真是個笨蛋。」

有別於多數大球星的非凡氣度和體魄，勇於做自己的貝拉，徹底體現了只要樂觀進取、不輕易放棄，平凡如你我也會有成功的一天。（正義鷹大俠）

打擊有多難？你可曾穿過一片漆黑、塞滿家具的陌生房間，卻不撞倒任何東西？嗯，大概就比這個還難！

～曾連三季締造 40 轟以上的克魯斯基（Ted Kluszewski）

不要別人上太空，我們還在殺豬公！

李來發

李來發

台灣棒壇知名球員、教練。球員生涯戰績彪炳，連續多年入選中華代表隊國手，參與國際比賽。後加入日本職棒南海鷹隊，旅日四年後返回台灣棒壇任教。

擔任教練時期，帶領國家代表隊參與無數國際大賽，對台灣棒壇貢獻卓著。一九九二年帶領中華隊取得巴塞隆納奧運銀牌。

對眾多文具控而言，台北有三大文具行必逛：位於興隆路上的「明進文具行」是其中之一。那天我和往常一樣，走進店中看著擺放架上的諸多精美紙筆，然後和達人級的老闆聊起筆記本的種種專業知識；但談著談著，老闆卻提到一個名字，在那時空環境下你可能不太會聯想到的名字——李來發。

「李來發？」

我再確認一次有沒有聽錯。不但名字沒有錯，老闆還說李教練是這裡的常客，此外，他挑的筆記本通常都還是店中最高檔那一級產品。聽到此，我想到一個轉播的畫面：日本職棒比賽時，休息區裡監督以下的教練團排排站，一個play、一個case之後，教練們不約而同地從後口袋拿出筆記本寫啊抄的，至少這個畫面浮現時，我認為是李來發買筆記本的功用之一。

李來發曾經歷過日本職棒洗禮，儘管那不是很成功的經驗，兩年期間只留下七十四個打數而已。不過除去數字紀錄，在日本職棒這七百多天日子裡，他是有相當收穫的。從日職教練身上李來發學到，當場上有任何狀況或結果發生，不論是好是壞，身為教練都必須牢記下來，立馬記自然是最好的方式，所以筆記本是必備的。其他包括訓練與作戰，在在都讓他覺得接受日職洗禮並未空手而返。因

努力的人就是我的偶像，如果你們都很努力練球、念書，那你們也是我的偶像。

～「台灣巨砲」陳金鋒

此之後這三十多年的教練生涯，「日式球風」幾乎就是他執教的主基調了。

二〇〇五年，李來發擔任和中信鯨總教練期間，於棒球教室中眼見來自日本的職棒教練莊勝雄，透過電腦一一點出柳裕展、曾兆豪、謝承勳與沈鈺傑的投球動作優缺點，球員不但對莊勝雄十分折服，也更了解自己的投球問題出在那裡，又該如何改進與修正。李來發甚為感慨地說了句經典名言：「**不要別人上太空，我們還在殺豬公！**」

把投手每一個投球動作輸入電腦，再仔細分析其動作的優缺點，做為未來改進的重要參考，這種電腦科技分析在當時的李來發看來，就是別人已經上太空了，我們怎麼還在「殺豬公」呢？若論及棒球技術指導，當時我們仍處在一種「師徒傳承」的觀念與做法中，也就是以前教練怎麼教，我就原封不動地傳授下去，至於是不是對的，有沒有更進步的觀念？很少有人多做思考，也才讓李來發對台灣棒壇不求進步只有土法煉鋼的狀況有所感慨。

然而，李來發彼時雖讚嘆現代科技對棒球技術精進的有效輔佐，但在帶兵奪取勝利上，卻自有他堅持的一套，即便也被譏笑為「殺豬公」一員，他依然深信想要球技進步，只有不斷操練再操練。

一九八三年他從日本返國加入奧運培訓隊的訓練，每天操練之辛苦，讓當時的投手杜福明說連爬上床的力氣都沒有。一九九二年執掌中華隊兵符，奪下至今無人能及的奧運棒球銀牌，成功的背後就是二壘手黃忠義說的「守備練習接完一桶（球）又一桶」。一九九七年他接任和信鯨職棒隊總教練，某日新來的洋將看到隊友比賽前的練習量，驚訝地說：「我們今天不比賽嗎？」

如今他回到基層帶高中棒球隊，苦練決勝負的觀念依舊未曾動搖過，顯然對李來發而言，不管帶的是哪支棒球隊，不管負有什麼樣不同的階段性任務，比賽就是要贏，為了贏，訓練是不可能有「上太空」的捷徑的。（曾文誠）

大部分的投手都很聰明，不會笨到想去當總教練。

～名人堂巨投帕默（Jim Palmer）

上場，就是全力以赴

違反運動精神的事，我不會做。

張志豪

棒球驚嘆句2

Baseball Quotes 2

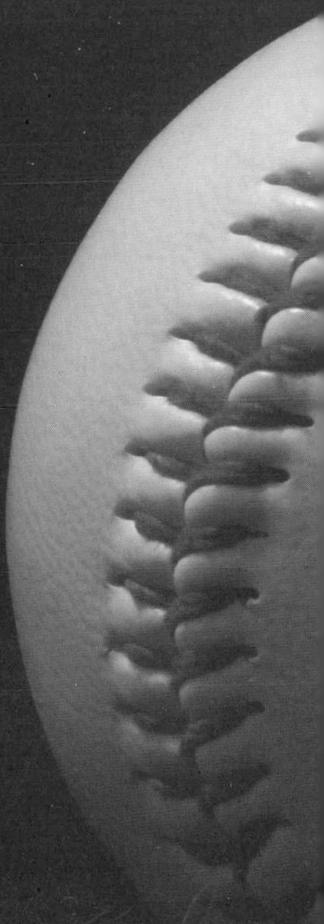

每當站上打擊區，冷靜的心知道不該太過興奮去追求全壘打，身體卻只想轟轟爆來球。

史坦頓（Giancarlo Stanton）

史坦頓

擅轟大號全壘打，且遭重擊後球的飛行速度之快令人費解，隊友因而以科學史上著名巨型謎樣生物「大腳怪」（Bigfoot）作其綽號。二十五歲前累積超過一百五十轟、攻擊指數（OPS）逾零點九的成就，球史僅九人達標，其中七人已進入棒球名人堂。二〇二二年達成史上第七快累積三百五十轟的球員。

又來到一年一度、全國菁英高中棒球員群聚的區碼大賽（Area Code Games），然而在兩百多名獲邀選手中，有個高二生卻是透過關係推薦才得以一窺堂奧。即使包括美式足球、籃球都繳出明星級表現，但棲身校隊後段棒次、打擊率僅兩成的史坦頓在目睹眾多篤定名列大聯盟選秀前端順位的同儕時，仍油然而生自卑感，有球探得知他的來歷後甚至直白道：「這小子根本沒資格被邀請！」

儘管如此，從小崇拜克雷門提（Roberto Clemente）、麥奎爾（Mark McGwire）等強打球星的史坦頓仍順從內心渴望，不願錯過難得機會。某日，賽事移師至素以逆風天險聞名的「打者墳場」布萊爾球場（Blair Field），孰料練習時史坦頓竟在十五次揮棒中六度轟出全壘打，其中兩球甚至越過場外馬路、掉入鄰近高爾夫球場，航程少說四百五十英呎，遠高於大聯盟球場的全壘打牆距離，驚人力量睥睨群雄，而他以全壘打標記球涯的人生，也自此拉開序幕……

※二〇一〇年五月：落入湖中的五百五十呎巨響？！

儘管在區碼大賽表現驚人，多數球團對史坦頓仍有質疑，包括最有興趣的馬林魚在內；為驗明正身，球團特地前往他就讀的大學再度測試。當天由於左外野

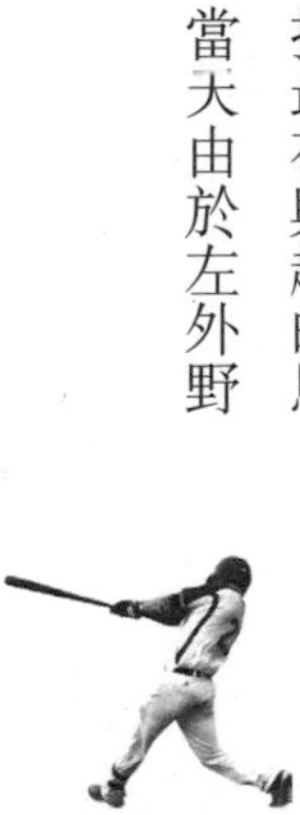

我總是揮大棒。不是轟一支大的，就是揮棒落空。我喜歡這樣豪邁地活著。

～大聯盟名人堂強打者貝比魯斯（Babe Ruth）

後方的田徑場舉辦運動會，只得請右打的史坦頓盡量朝反向揮擊，可惜他技巧未臻成熟，仍舊不小心把幾顆球轟出左外野，嚇得田徑場上的學生紛紛抱頭逃竄。眼見並非刻意揮棒都能有此表現，馬林魚當場下定決心並低調隱藏選秀策略，最終順利在二〇〇七年選秀會第二輪攬進這位未來之星。

在專業指導下，史坦頓縮減揮棒幅度、提升擊球速度以擺脫高大外型限制，首個完整小聯盟球季便力扛三十九轟；隔年升級後雖遇瓶頸，適應後便又大殺四方，短短五十三戰就狂飆二十一轟。五月初，手感火燙的他又在客場開轟，硬生生將一顆外角球拉回左中外野、越過場外六層樓高的記分板，更猛的是飛抵記分板上空時據傳球兒仍在持續攀升！目擊隊友聲稱這球遠達五百五十英呎，隔天好奇的教頭試圖到外野後方的湖畔尋球卻無所獲。就像這顆消失的紅線球，一個月後，史坦頓接到了登上一軍的單程車票。

※二〇一二年五月：被轟爆的主場記分板

菜鳥年雖未打滿整季，史坦頓仍揮出二十二轟，球史僅六位二十歲球員長打能力堪與比擬，以全壘打撕裂對手防線的威名不脛而走。隔年他再將全壘打數從二字頭推升到三字頭，平均飛行距離也激增至近四百一十七英呎，硬是比聯盟均值高出二十呎，更在四座球場締造全壘打距離新猷。而二〇一二年五月對戰洛磯的傑作，無疑當時最具代表性的暴力轟。

年僅二十一歲的史坦頓，該役對上的是年紀多他兩輪有餘的莫伊爾（Jamie Moyer）。縱橫球壇逾四分之一世紀的莫依爾深知年輕人怕磨，耐足了性子連祭六顆變化球誘敵，直球就是不肯出手。奈何老江湖也會失算，眼見下個變化球傻傻滯空，史坦頓迅即掄棒釋放量能、反彈的白色光束應聲朝左激射，這是發直擊外野螢幕的滿貫彈！

據專業網站估計，這球遠達四百六十二呎，瞬間彈離木棒的時速更直逼兩百公里，刷新偵測紀錄以來的極限值。遭擊中後，液晶螢幕瞬間失靈，而向來小氣出了名的球團老闆羅瑞亞（Jeffrey Loria）事後則沾沾自喜道：「這就是我們要聘請水電工的理由——為了修理被史坦頓轟爆的設備！」

※二〇一三年六月：孤獨魚王的生涯百轟

小氣之外，羅瑞亞經營球隊不按牌理出牌的個性亦惡名遠播，曾數度將建軍完成的陣容一夕間拆解殆盡，交易掉近年最強打者之一的卡布瑞拉（Miguel Cabrera）便是一例。就在史坦頓持續進化的二〇一二年季中，羅瑞亞又換掉

每天雖然要打很多球，打到最後都累到有股怨氣，想把球轟破，但練完躺在草地上，覺得超有成就感。

～鄧志偉

MVP等級的內野手拉米瑞茲（Hanley Ramirez），季後更啟動十二人巨型交易、送走三位主力球星，最後連和史坦頓交好的教頭都慘遭解職。

面對一覺醒來全隊只剩自己的窘況，史坦頓直言失望透頂，甚至在社群媒體槓上球團。奈何不具自由球員身分的他無法選擇去留，表現卻明顯陷入低潮，就連六月份將前隊友貝爾（Heath Bell）偏高的九十五英里火球一棒掃到牆外、完成生涯百轟都未見欣喜，轉播鏡頭拉近時甚至能隱約窺見他眼中的落寞……

※二〇一四年六月：不思議超低仰角紅不讓

球季結束後，史坦頓僅續簽一年短約，對比資方喊話簽長約卻遲無下文觀之，選手意願顯然才是關鍵。和球團關係雖低迷，場上史坦頓仍力圖再起，不僅整季三十七轟追平生涯高峰、首度戴上全壘打王桂冠，還在最有價值球員票選中名列榜眼。尤有甚者，擅長拉擊的他開始強化反向攻擊力，其中尤以六月對小熊轟出一記看似深遠安打、實則出人意表的右外野平射砲為經典。

由於這一轟擊發仰角不到二十一度，瞬間就連現場播報員都誤判為直擊全壘打牆的安打，以致原先平和的語氣突然轉為激動：「天啊！它飛出牆了，這到底是怎麼發生的？！」

彷彿呼應般，同年季末史坦頓臉部慘遭觸身球重擊，臉頰扭曲變形、血流如注的情景極度驚悚。但這還不是最嚇人的，兩個月後馬林魚投下震撼彈、宣佈和他簽下為期十三年、總額三億兩千五百萬美元，創下北美職業運動史新高的鉅約，合約價值甚至高於世界上五個國家的國民生產毛額。

※二〇一五年五月：飛越傳奇

合約金額雖驚人，史坦頓卻表明這並非與球團關係緩解的主因。昔日挫折仍歷歷在目，因此議約之初便開宗明義表達多年來的失望和不信任，堅持要球團承諾改變。大老闆破例高薪留人固然是和解的起步，但對邁阿密的熱愛，以及現有以潛力新秀組成的球隊陣容才是續留主因。為保有包含現任王牌投手費南德茲（Jose Fernandez）在內的未來基石，他甚至願意延遲領薪，足見領袖風範。至於合約中常被視為尋求下一張大約的逃脫條款，史坦頓也有不同解讀，他將六年逃脫大限視為觀察期，以確認球團能持續壯大軍容，而寧可不要提早跳脫合約。

簽約後第一個球季，史坦頓首度回到家鄉踢館強權道奇。一局上對準沒下墜的卡特球大棒一揮，紅線球在艷陽下朝著名的外野波浪型屋頂疾奔，消

我相信我們虧欠那些來看球的人們，當我們沒有盡全力打球，就像是偷了他們的東西。

～生涯累積3000安的克雷門提（Roberto Clemente）

失在眾人視線外。在這座大聯盟第三高齡的球場歷史上，他是第四位將球轟出場的強打，前者分別是名人堂重砲史塔傑爾（Willie Stargell）、皮耶薩（Mike Piazza），以及史坦頓的偶像——麥奎爾。

回憶兒時，史坦頓常和父親趁著月色，溜進無人看管、簡陋到連外野圍籬都沒有的球場摸黑練打；而被問到總是全力揮擊，以致三振率偏高的老問題時則解釋：「每當站上打擊區，冷靜的心知道不該太過興奮去追求全壘打，但身體卻只想轟爆來球。」

許多年過去，縱使技巧和心智成長，但或許唯有一如球涯行來般順從本能、保有兒時朝著無極限外野揮擊的熱情，天生怪力才得以迸發，創造一次又一次的震撼與驚嘆。（正義鷹大俠）

你相信自己，然後盡全力去做的時候，那個力量會很大。

～「台灣巨砲」陳金鋒

當你把那些數據、其他所有的一切拋諸腦後，你就能上場然後單純享受樂趣。

邦加納（Madison Bumgarner）

邦加納

二〇〇七年高中畢業後於首輪第十順位被挑中，成為該年舊金山巨人隊選秀狀元。僅二十歲稚齡便在季後賽扛下重任，以優異表現率隊奪下西遷舊金山五十三年來首座世界大賽冠軍。場上的鬥志和冷靜讓他被譽為「沒有脈搏的人」，助巨人五年內豪取三冠，關鍵時刻表現令人稱奇。

高中時期在某場先發比賽的中後段，邦加納仍飆出時速一百五十六公里速球，一投完球，昔日曾是三棲高中球星的總教練帕翰（Jeff Parham）便叫出暫停，走上場劈頭就問：「你就這麼點能耐？」

對尚稱青澀的一般高中生而言，光看見教練走上前或許頭早就低到不能再低、深怕要被換下場；不過，邦加納卻非一般高中生，他把剛脫下的球帽重新戴上，雙眼直視帕翰、簡短吐出三個字：「不，老師。」

教頭下丘後，邦加納下一球催上一百五十八公里。

時光快轉到二〇一四年世界大賽，成王敗寇的第七戰。五局下、巨人一分領先，從牛棚緩步走上投手丘的也是邦加納，只不過體型更壯碩、濃密鬍鬚取代了臉上的雀斑和青春痘。喔，對了，他三天前才力投九局完封勝、助巨人於系列戰聽牌；還有，整個十月份在季後賽已累積四十七又三分之一局投球，史上只有一個投手比他更操——二〇〇一年的「血襪」席林（Curt Schilling）。

最終，中途登板的邦加納不但投完相當一場先發額度的五局、替巨人守下領先奪冠；比照席林榮膺系列戰最有價值球員，還創下季後賽最多投球局數，以及世界大賽史上最低防禦率。綜觀球史十月季後賽戰場，沒人締造過更棒的防禦率，在投球數嚴格管控的今日更難如登天。但邦加納的驚奇表現，彷彿呼應某次被問到單場用球數合理限制時的率性回答：「兩百球吧也許？只要能讓打者出局，我覺得限制就多慮了。」

不羈虯髯搭配蓬亂長髮，頸長肩闊、人高馬大的邦加納一踏上投手丘，對打者而言便儼然異世界的駭人存在。四分之三側投、出手前大幅度將手臂向後拉伸的奇姿則和無視投球數限制的態度同被視為異端。高中畢業時除了可能繼續升學的疑慮，投球姿勢和只靠直球吃飯這兩大非典型特質，讓他無緣成為選秀狀元。但追根究底，之所以直到第十順位才挑走，亦源於巨人球探長堤卓（Dick Tidrow）的非正統險著。

由於高中時投過完全比賽、帶隊拿下州冠軍，還在冠軍系列賽首戰飆出完封勝兼雙響砲，隔兩場又揮出再見場內全壘打，邦加納早已備受注目。儘管巨人最早鎖定他，選秀會上卻沒把握，初見面時大為驚艷的球探波裘哥（Pat Portugal）甚至懊喪著向堤卓回報：「慘了，我看下季得輸上一百場球，才有機會把他納入麾下了。」

堤卓向來專精發掘非典型投手，替巨人延攬少年賽揚林瑟肯（Tim

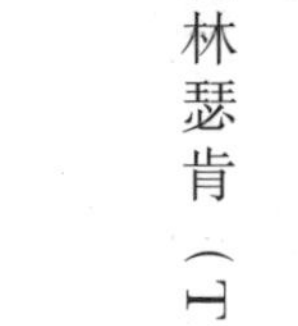

我們棒球員做事是倒著來的，先玩樂、退休，然後才開始工作。

～縱橫大聯盟 19 年的格林傑（Charlie Gehringer）

Lincecum）、守護神羅莫（Sergio Romo）等強投更讓他聲名遠播。他在選秀前特地現身邦加納比賽，卻只看了三局就轉身走人，企圖反藉盛名塑造不滿意假象。孰料這招竟騙倒競逐對手，最終前九順位雖有五隊挑中投手，卻偏偏都掠過邦加納，巨人得以如願勝出。

非但球涯起點和一般選手大異其趣，私下邦加納亦復如此。據考麥迪森（Madison）通常是女孩才會取的名字，除了大聯盟史上只登錄過他這位麥迪森，老家附近住著眾多同宗的邦加納，甚至曾和同名同姓的女生約會過。有人好奇問邦加納父親凱文（Kevin）命名由來，挺著啤酒肚、頭髮已禿的他竟表示只是無意間看到報紙上某個小鎮的名字很喜歡，所以就照著取了。

即使年薪已高達數百萬美金，邦加納仍不重視打理外在，婚禮時甚至只套件開領襯衫、穿上牛仔褲便登場。結婚前，出身田野小城的他送給未婚妻的不是啥名貴大禮，而是一頭牛，同鄉老婆竟也欣然接受。

看似特立獨行、相貌粗獷，邦加納其實有細心溫柔的另一面。某年春訓和老婆在野外被響尾蛇嚇到，從小跟著外公學打獵的他馬上拿出隨身攜帶的斧頭解決掉牠，卻意外發現蛇腹中有隻奄奄一息的長耳大野兔寶寶。他二話不說就將兔子帶回家悉心照料，直到恢復了健康才野放。

即使特殊之處總不嫌多，但只要邦加納在關鍵時刻站上投手丘，他冷靜專注、鬥志昂揚的大賽特質便成了唯一焦點。也在小熊、紅襪擔任過球探的波裘哥曾說邦加納是他見過最成熟的高中生，堤卓則對他年紀輕輕便勇於投內角球的膽識激賞不已。首度參加春訓時，邦加納在對決生涯五五五轟的強打者曼尼（Manny Ramirez）前詢問前輩肯恩（Matt Cain）應付之道，想趁機作弄菜鳥的肯恩卻要他對脾氣陰晴不定的曼尼塞內角球。「他第一球投內角、第二球投內角，所有的球都朝內角塞，而當時他大概只有十八或十九歲吧？」舊事重提，肯恩對這小子的沉著和無畏記憶深刻。

此外，從他二〇一二年未待成為自由球員，便和巨人簽下七年長約後的訪談中，亦能一窺不願受雜務煩擾的心態：「現在我終於能走上場（專注於）投球，這就像是放下了胸口的一塊大石。」

有人將他強悍的心理素質和專注力歸功於出身步調緩慢、物慾要求不高的淳樸山城。遠眺可見阿帕拉契山脈的故鄉曾因遍佈楓木、橡樹和白楊等硬木而催生出全美最大家具產地，如今卻因產業外包而繁華落盡。一度考慮畢業後進工廠謀

在人生的大百貨公司裡，棒球正如玩具部門。

～來源已不可考，卻擬真描繪了棒球饒富趣味的特質。

生的邦加納在棒球場上覓得一片天，但每當球季結束，他便迫不及待回到故鄉，和老婆守著豢養六十頭牛、二十匹馬的牧場，每天照顧牲畜或上山打獵。

套索也是他的最愛，渾身牛仔魂的他剛進職棒時一度無法適應截然不同的生活，嚴重到連投球時看見天上飛機都幻想著要搭機返家。最後是靠到附近商場對一頭假牛練習套索，這才緩解思鄉之苦。剛上一軍時，他甚至在借住的隊友家中練習，「當時回到家，發現邦加納手上旋轉著套索，正在狂套我的家具。」隊友形容當年一開家門時，讓人好氣又好笑的荒謬場景。

高中填問卷時提到球場上的短程和長期目標，他回答前者是棒球校隊獲得州冠軍，後者則是躋身所有球員夢寐以求的棒球名人堂；而前者，早已順利達標。

「我猜對了，他沒打算退場，」回到二〇一四年世界大賽第七戰，當所有人都在猜測只休兩天就上陣的邦加納究竟能撐幾局時，只有邦加納的媽媽知子莫若母：「當他下定決心要做某件事，無論是甚麼都能達成，重點在於他總是做自己，並保持信念。」

維持單純的心、聚焦在想專注的事情上，就算跟別人大不相同，名人堂的聖殿之門仍等著為邦加納而開。（正義鷹大俠）

我在場上就是享受比賽的過程。

～高國輝

明天的比賽不會和剛打過的那場一樣。

李維拉（Mariano Rivera）

李維拉

出生於巴拿馬貧窮漁村，曾夢想成為足球員，最終卻成為棒球史上累積最多救援成功的超級守護神。不只例行賽關門功力了得，張力更勝一籌的季後賽中更是遇強則強、九十六度登板防禦率僅零點七；對敵手而言，無異地表最冷酷的存在。

試想，你是一個擁有「史上最強絕殺球」的投手，在贏者全拿、壓力直逼頂點的世界大賽第七戰九局下、只差八個好球便能奪冠的領先中祭出拿手球路，結果卻被揮出逆轉軟弱安打時，會不會崩潰沮喪，自此一蹶不振？

一般人或許會，但李維拉，不是一般人。

是神。

救援之神。

卡特球之於李維拉，猶如速球之於三振王萊恩（Nolan Ryan）、曲球之於「神之左手」考法克斯（Sandy Koufax）、螺旋球之於連續三振五位名人堂強打的赫伯（Carl Hubbell），媒體甚至曾以山頭刻有美國史上四大領袖的拉什莫爾山（Mount Rushmore）來比喻這四巨投和其招牌球種的無可取代性。

這顆於傳球熱身時偶然發現、極速上看九十五英里，直到打者前方一點五公尺才急墜的渾重球路曾斷棒無數。坐擁國聯最多左右開弓全壘打紀錄的瓊斯（Chipper Jones）於目睹隊友接連打斷三支木棒後，驚呼這顆卡特球簡直像把電動圓鋸；球涯扛出三百五十四轟的岡薩雷茲（Luis Gonzalez）更不諱言：「假如有支超喜歡的球棒，你不會拿來對戰李維拉，因為極有可能被震個粉碎。」

話雖如此，偏偏岡薩雷茲正是那個在世界大賽第七戰九局下半、用一支被震碎的木棒，對李維拉敲出軟弱落再見安打的元兇；全然無視對手甫於三年內兩度制霸美聯救援榜，和世界大賽十七度登板從未砸鍋的「定律」。

鮮少被勝負左右情緒的李維拉賽後雖罕見地在置物櫃前佇立良久，但沖完澡後仍照例現身更衣室、接受一波波媒體聯訪，重複回顧球涯最悲壯的失敗場景。一如預期，擁有鋼鐵意志般的他非但沒被打倒，揮別失意後的十二個球季更端出低於兩分的平均防禦率，和足以躋身生涯榜探花的四百三十七次救援，表現遠優於年輕力壯的生涯前期。

正如沉默寡言、情感不輕易外露的形象，李維拉上場後近乎機械般恆常的冷酷和穩定眾所周知，洋基牛棚捕手勃瑞羅（Mike Borzello）曾讚嘆即使是練投，十二年來也從未見他投過一個挖地瓜球；被譽為上個世代最強守護神的高薩吉（Rich Gossage）則驚嘆：「他的血管裡彷彿流動著冰水。」而李維拉本人則認為重點在於專注：「當你開始胡思亂想，很多事就會發生……若你不控制好情緒，感性將會駕馭理性，這是不好的。」

李維拉曾表示，戰場上無論贏或輸，「你都得在當下就忘了它，明天的比賽

比賽總有人輸有人贏，但我堅信對手一定會輸。

～有「拚命查理」之稱的生涯安打王羅斯（Pete Rose）

不會和剛打過的那場一樣。」而正面樂觀、永遠向前看的態度，也正是培養出沉著、勇於面對且無懼失敗等特質的關鍵。多年投捕搭檔波沙達（Jorge Posada）曾說這位老隊友除了信仰虔誠、重視家庭外，最大優點就是渾身正能量：「他就是讓人想要親近。小聯盟時，大家都說球員離大聯盟只有一通電話的距離，而那通電話卻如此遙遠，李維拉是絕不會說出這種話的。」

積極正向的心態，讓李維拉即使歷經小聯盟時期不被看好、手肘韌帶開刀、後援表現稱職卻被轉調先發等逆境；以及升上一軍卻因表現差慘遭下放、兩度據傳將被交易、轉任終結者適應不良，甚至親人意外喪生、返國匆匆治喪後仍須續戰季後賽等各式考驗，都能安然過關。

在一次又一次堪比掃雷的關門任務中，挫折同樣多不勝數。除前述的再見安打外，一九九七年初扛終結者大任卻在季後賽被打出關鍵轟，間接導致球隊被淘汰；二〇〇四美聯冠軍戰只差三個出局數便能將紅襪打回無止盡的魔咒輪迴，卻因一支追平分安打引爆季後賽史上最華麗逆襲的悲劇更讓他名留球史。但即使隔年在紅襪主場面對世仇粉絲不懷好意的「熱烈歡迎」，他都能釋然輕觸帽簷、回禮致意，氣度非常人能及。

前述風範外，重視大我且不藏私的性格亦讓李維拉備受敬重。對他而言，「球隊需要我做甚麼」永遠比個人需求和成就優先。只要新投手入隊，他必定不厭其煩、一對一戮力指導，熱心程度就連敵人求教都來者不拒，據傳賽揚強投哈勒戴（Roy Halladay）便曾因此習得卡特球並用來反制洋基，導致隊友常半開玩笑、拿這段往事來挖苦李維拉。而加盟洋基時已拿過賽揚獎的沙巴西亞（CC Sabathia）也曾因過度自我要求、患得患失而接受過李維拉悉心開導：「他要我只管投球，還說『我們都相信你，你也得相信你自己。』那正是我所需要的！」沉靜如李維拉，必要時也是激勵心志的導師。

接觸過海豹部隊、美國特務幹員、NASA太空人等菁英，同時也是前洋基心智技術教練的心理學博士皮洛索羅（Dr. Fran Pirozzolo）除盛讚李維拉重視他人需求甚於自我，更對他因而衍生的精神領導力大感佩服。哈勒戴形容李維拉的無私讓他不只留下成績，也烙下傳承印記，並稱他是「棒球史上最美好的事物之一」。而沙巴西亞則要大家相信——完美的人確實存在：「相信你所聽到關於李維拉的一切，因為那些都是真的。假如你想成為更棒的選手或更好的人，那就看看他。」

棒球賽就像雪花跟指紋，沒有任何兩場會是一樣的。

～棒球電影《夢幻成真》編劇金賽拉（W.P. Kinsella）

二〇一二年季前，為全心投入信仰和慈善事業的李維拉終於打定主意於季後退休，無奈季初一次接飛球熱身時竟受傷導致球季報銷。儘管已經四十二歲、邁入第十八個大聯盟球季，他仍決定面對挑戰、誓言以再起的身影告別球壇。克服漫長治療和復健，他隔年春訓依約回歸，並在記者會上笑著表示，這將是他的最後一個球季。

賽季開打後，客隊競相舉辦退役巡禮、致贈禮物，不難體會李維拉獲得的敬重和好人緣。相較於此，他也決定用自己的方式和棒球說再見，那就是每造訪一處客場，便邀來曾對棒球有所貢獻、如今卻遭逢瓶頸的無名英雄們當面致謝並鼓勵。而在年初旅遊時因機場看板墜落意外而痛失稚子，自己和妻小亦重傷的布瑞賽特（Ryan Bresette）正是其一。

布瑞賽特曾任職於皇家隊基層，在洋基造訪堪薩斯市時獲邀前往球場。初見面時，他一報上姓名便獲得李維拉親切回應：「我認識你，願上帝保佑你。」閒話家常之餘，李維拉還逐一詢問隨行妻兒姓名，甚至答應賽後會將終結比賽的球送給他九歲的兒子山姆（Sam）。儘管布瑞賽特因為老婆坐輪椅、行動不便而決定球賽結束就離開，想不到李維拉仍急忙找人將他們全家請回球場。

「嗨，山姆，這是給你的球。」當兒子開心接下李維拉手中的紅線球之際，布瑞賽特對這位大人物重然諾且記得兒子姓名感到又驚又喜，眼淚差點沒掉下來。而當他想握手致意時，一個比預料中更加熱情的擁抱，立刻溫暖了他的心。

仍兀自感動之際，場上無所畏懼、受挫總能再起的李維拉不忘挨著布瑞賽特的耳畔，輕聲說道：「你的堅強和勇敢，是我永遠都追不上的。」

步下球場後，李維拉將更有餘裕影響這世界；或許，真正的傳奇才要開始譜寫。（正義鷹大俠）

最好的學習和進步方式就是把比賽給搞砸——然後永不再犯。

～麥達克斯（Greg Maddux）透露致勝之道唯有以比賽為師。

我們無法永遠保證比賽打得好，但能保證球迷玩得開心。

維克（Bill Veeck）

維克

二十世紀執掌過最多大聯盟隊伍的球團老闆，擅長買低賣高的經營鬼才，曾擁有印地安人、聖路易棕人（St. Louis Browns，今金鶯隊）、白襪等隊。最著名的行銷術是派侏儒上場代打以吸引票房，一九八六年入選棒球名人堂。

試問，球迷進場有禮物可拿、主場開轟時繽紛的記分板隨煙火燃亮夜空、球衣繡上選手姓氏，以及瑞格里球場（Wrigley Field）外野磚牆上的常春藤等今日大聯盟不可或缺的元素是誰的好點子？答案只有一個：

比爾．維克。

維克滿腦子棒球經毫無意外來自耳濡目染，老爸威廉（William Veeck Sr.）曾是芝加哥棒球記者，素以抨擊小熊隊經營聞名，筆鋒之犀利與洞見就連小熊老闆都忍不住聘他管理球隊，威廉也不負所托，率隊兩度打下國聯冠軍。

四歲跟著父親到球場，十歲擔任球場售票員和小販的維克除了自小浸淫在棒球裡，頭腦更是靈活聰明，高中雖沒畢業，仍自學通過學力檢定中請上大學，成天看老爸運籌帷幄的他早就躍躍欲試。父親去世後，主修商業會計的他休學回小熊管帳，經常提供經營球隊的點子，可惜接下祖業的小開老闆保守且無心管理，對他的奇思妙想一概駁回，只願意在全壘打牆上種植常春藤。自此，蔓延在瑞格里球場外野那一大片盎然綠意，化身球史最美風景之一。

一九四一年，才二十七歲的維克一償宿願，和前小熊教頭格利姆（Charlie Grimm）合夥吃下小聯盟密爾瓦基釀酒人隊。或許你會納悶，何以維克初出社會

粉絲們不會去噓無名小卒。

～退役棒球名將「十月先生」傑克森（Reggie Jackson）

不久便有財力買下職業球隊、踏上夢想之路？實際上他確實沒錢，初抵密爾瓦基時口袋裡更只剩十一塊美金。儘管阮囊羞澀，但他看準釀酒人陷入財務危機，自願揹下十萬元債務外加掏出四萬美金成交，四年後則以二十七萬五千元賣掉球隊獲利。

自此，逢低買進、經營成功後再高價賣出，便成為維克晉身大聯盟球團主的捷徑。一九四二年，維克看上資金戰績雙雙出狀況的印地安人，史無前例以發行公司債、獲利無須繳稅的利基吸引投資人，旋即以四十二歲之齡成為史上最年輕的大聯盟球團主，爾後的棕人和白襪也是在他危機入市下購入且改造成功。

接手之後，維克常能迅速提升戰績，入主釀酒人當年，球隊還在聯盟八隊中墊底，隔年卻在曾任國聯冠軍教頭的格利姆領軍下直取榜首，從此躋身強隊之林。而買進印地安人時，他們不只已連三季戰績落入B段班，更連續二十八年未嚐冠軍滋味，短短兩年後卻大蛻變，變身中斷洋基七連霸世界冠軍的超級勁旅。至於執掌白襪首年即擺脫陰魂不散的「黑襪醜聞」、率隊叩關睽違四十載的世界大賽，亦為其成功經營案例。

一九四三年季後，初圓老闆夢不久的維克在二戰中獲召投身海軍，卻在前線被砲彈碎片擊中右腳而截肢。儘管餘生因此動了三十六次手術，加上一耳失聰、肺部健康遭菸癮戕害，卻從未動搖對棒球的熱愛。他個性外放樂觀、善於雄辯，不只把木頭義肢末端挖個洞當菸灰缸，還常漏夜飛到紐約夜店狂歡、隔天一早再回辦公室。此外，他也始終保持好奇心和源源不絕的創意，不只從他首任老婆出身馬戲團馴獸師可見一斑，名聞遐邇的百變行銷術更是最佳例證。

找舞者串場表演、放煙火和發送進場禮物這些促銷手法在當時雖少見，對維克而言卻稀鬆平常。除了啤酒、杯子蛋糕、免費餐券等，他還送過龍蝦、馬、牛、雞、鴿子、天竺鼠等活蹦亂跳的動物，某年開幕戰輸球後甚至大手筆請球迷隔場免費看球，以平息他們的失望之情。

深知場上戰績不見得能盡如人意，維克曾說：「我們無法永遠保證比賽打得好，但能保證球迷玩得開心。」也因此他常突發奇想、製造驚喜，例如視酒保和計程車司機為口碑媒介而邀他們無償看球；隊上姓史密斯的外野手被球迷喝倒采後開辦「史密斯日」，好讓同宗粉絲免費入場聲援；安排投手於教頭生日當天從蛋糕裡蹦出來；甚至要求資深播音員凱瑞（Harry Caray）在第七局即席領唱棒球國歌「帶我去球場」。凱瑞雖礙於自尊百般不願，不料卻成就獨門特色，從白

我覺得在球場上我只是個配角，真正的主角是球迷，因為他們不會離開球場，而球員會離開球場。

～「台灣巨砲」陳金鋒

襪轉職小熊後更延續此一受歡迎的傳統。

說到驚喜，就不得不提維克秀味十足的新奇點子，如設置寬達四十公尺、綴滿俗艷燈泡，主場打者開轟時隨煙火閃爍的煙火記分板（exploding scoreboard）即為一例；它甚至引得來訪的洋基不甘示弱地加入狂歡，於陣中巨砲曼托（Mickey Mantle）開轟時集體手持仙女棒迎接。此外，維克最為人熟知，甚至自嘲將被刻在墓碑上的得意傑作，則非派上侏儒代打的噱頭莫屬。

一九五一年，維克接手表現奇差的棕人，鑒於戰績短時間內不易提振、人氣又遠遜同城紅雀，亟欲衝票房的他於是使出奇招：找來身高一百零九公分的蓋迪爾（Eddie Gaedel）擔任代打！八月中旬某場雙重賽第二戰，當蓋迪爾手持迷你球棒、穿上八分之一號球衣站上打擊區時，全場幾乎不敢置信、放聲爆笑；而當他煞有介事擺出「洋基快艇」狄馬喬（Joe DiMaggio）的打擊姿勢，卻因好球帶僅約莫火柴盒大小而被保送時，眾人更是樂不可遏。

儘管蓋迪爾只出賽一場就被官方以「侏儒不得上場」為由取消球員資格，打響第一砲的維克仍順勢炒作，反詰侏儒的身高標準要如何界定？還回頭大吃洋基的瑞祖托（Phil Rizzuto）豆腐，譏諷這位矮小游擊手不過是個「長得比較高的侏儒」。甚至直言若非遭禁賽，他還打算讓蓋迪爾在滿壘狀況下代打好擠回分數。

蓋迪爾登場五天後，維克再出新招——「看台教練日」。這回他發給球迷兩塊分別標註了「好」和「不好」的看板，每逢下戰術時機，工作人員便高舉「觸擊」、「盜壘」、「換投」……等看板徵詢球迷意見，統計後以多數意見決定作戰策略。神奇的是，該役不只大大滿足多數球迷親自執教的夢想，還贏球終結了球隊的連敗，結果皆大歡喜。

由前述不難看出，與其說維克是老闆，倒不如說他是個擁有球隊的瘋狂球迷。他曾直言：「我發現任何對我有強烈吸引力的事，也會吸引球迷。」而其經營哲學則是「每天都是狂歡日、每個球迷都像國王般尊榮」。因此除了娛樂性，他行銷時更常以球迷觀點出發，例如戰時為配合物資工廠的夜班工人，特地將比賽挪到早上開打並供應早餐；大方贈送當時不易買到的絲襪、母親節送蘭花吸引女球迷；打破季後賽聯票慣例、改採單場售票以嘉惠經濟弱勢者；在球衣背後繡姓氏方便辨識選手……等，無不展現出體恤粉絲、視棒球為平民運動的精神。

本來不知道球會飛出去，是球迷的加油聲，讓球出去的。

～陽岱鋼

不只希望球賽有趣，從他的經營中亦不難一窺前瞻性。他是美聯首位打破種族藩籬、引進黑人球員的高層，隔年更找來據傳高齡四十一、實則年齡成謎的黑人聯盟傳奇投手佩吉（Satchel Paige）登板，再度掀起話題旋風。

迥異一般球團主，維克除了對於視球員終生為球隊財產、枉顧工作權的「保留條款」（reserve clause）表達不滿，更在紅雀名將佛拉德（Curt Flood）因挑戰該條款而身陷官司時獨排眾議、現身法庭支持。就在他於一九七五年二度買下白襪隊後不久，「保留條款」終遭廢止，怎奈取而代之的自由球員制度卻令資金有限的他出現經營危機，成為自身健康問題外，終結其球團主生涯的關鍵重擊。

總是套件Polo衫、胸前不扣釦子便現身人前而獲得「運動衫比爾」暱稱的維克退出球隊經營後親民依舊，常現身瑞格里球場最便宜的外野看台，頭頂夏日豔陽，望著當年自己種植的常春藤享受球賽、與鄰座閒聊棒球，非但無異一般球迷，更印證了他「關於棒球賽的智慧，往往和座位票價成反比」的智慧箴言。

一九八六年，維克因肺癌永遠離開他最愛的棒球；五年後，他數不盡的功績被一起帶進古柏鎮聖殿；而留給球迷的，則是歡笑、尊敬，以及無盡的懷念。

（正義鷹大俠）

違反運動精神的事，我不會做。

張志豪

張志豪

中華職棒少見的五拍子球員，曾經拿過全壘打王、盜壘王、金手套、最佳十人，最讓人印象深刻的是二〇一六年從開季挑戰連續場次安打，很多場比賽都是到最後一個打席才完成，也讓整個競逐過程充滿戲劇性。二〇二〇年成為中職首位連續四年二十轟的球員。

當你前三次打擊，分別擊出三壘打、二壘打、全壘打，第四打席還一棒敲出深遠的長打時，你會想要停在一壘，締造完全打擊紀錄，還是義無反顧地發足狂奔？張志豪選了後者，因為他就是那個頭也不回，一路跑向未來的人。

張志豪的身份很多，卻總是充滿了別人的影子，他是「張泰山的姪子」、「張正偉的表弟」，而且「長得很像陽岱鋼」，但一開始卻很少人知道，他叫張志豪，他在二〇〇七年選秀會中以代訓球員身份被中信鯨選進，在二軍大殺四方，正準備進軍職棒時，中信鯨竟然宣布解散，心灰意冷的他選擇重回業餘，加入了合作金庫棒球隊。

直到二〇一〇年時，他的好身手沒有被忘記，在兄弟象隊的邀請之下，還是回到職棒場上，腳程快、守備好、打擊火力兇猛且具有長打能力的張志豪，因為配合當時象隊的球風，只得選擇把自己的長打火力隱藏起來，逼自己變成安打型球員，但這並非他的風格，因此職棒前四年，他表現只能算是「不差」，卻缺乏自己的風格，導致知名度並不高，不僅認識他的人不多，甚至常常被認錯。

「那時候出門，常常碰到球迷來找我簽名，結果竟然都是誤認我是陽岱鋼。」張志豪苦笑著，他不怪球迷不認識他，因為在那個時候，連他自己都不太懂，心中那個張志豪，到底該是什麼樣子，「站上球場，覺得好像應該力求安打上壘，我知道那不是我自己，但那時我不知道，哪種打法是最適合我的。」沒有特色這件事反映在薪水上，三年下來，他的薪水只從十萬調到十三萬五千，看著同期其他球員早就躍上二、三十萬元的高薪，張志豪只能乾瞪眼，然後繼續想辦法打安打、上壘，也繼續被球迷忽略著。

二〇一四年發生了一件有趣的事，當年棄守鯨隊，讓張志豪黯然打包回家，差點一輩子終老在合作金庫當行員的中國信託，竟然峰迴路轉地，買下了球迷最多，但因為母企業財力不夠，因此經營上一直非常辛苦的兄弟象隊，這個轉變讓張志豪體會到，棒球世界裡沒有什麼是不可能發生的，自己，也該趁這時候做點改變了。

在新體系與新教練團的進駐下，兄弟的球風也不再是過去的「小球戰術」，張志豪開始嘗試不給自己設限，他大膽地揮棒，人生第一次，他享受著全力出擊的快感，而這一年，他打出了生涯最低二成六二打擊率，卻得到了更多過去從來沒有想到的成就。

首先，這一年他敲出十發全壘打，支數恰巧是前四個球季的總和，而且他

每天都會累啊，但這是我熱愛的棒球，所以每次上場還是全力以赴。

～張正偉

「最會打三壘安打的男人」這項技能沒有因此退化，這年又繳出單季十支三壘打的成績，再加上十八支二壘打，使他成了中華職棒史上，首位所有類型安打（一、二、三、全壘打）與盜壘（該季跑出二十次盜壘）都達到兩位數的本土球員，上一個達成這樣紀錄的，已經是一九九六年時統一獅隊的洋將羅偉，這個紀錄難度極高，也讓他終於懂了，這才是張志豪該有的樣子。

終於，走在路上，球迷衝過來要簽名時，不再把他誤認為陽岱鋼，他已經不用再說：「大家好，我是張志豪。」就常常會引發球迷包圍，隔年張志豪再徹底地發揮自己的風格，把全壘打再推升到十四支，長打能力終於徹底爆發，但真正讓球迷認識他的，卻是一次不完全的完全打擊。

在這場四月中兄弟在台中主場面對Lamigo的比賽，張志豪狀況絕佳，首打席就敲出最難的三壘安打，隨後又接連擊出二壘安打、全壘打，眼看只剩最普通的一壘安打，就能達成難得的「完全打擊」，這是許多球員終其一生都很難碰到一次的機會。

第四次上場，張志豪完全沒有想要只輕輕「碰」到球，來達成一壘安打的想法，他仍然全力出棒，將球掃到中外野，一路飛過了Lamigo中外野手詹智堯的頭上，一路滾到全壘打牆前，所有人都在看著，張志豪會不會停在一壘，或是來個慢慢跑，跑過一壘時故意跌倒的戲碼。

但是張志豪已經清楚知道，自己要的是什麼，他完全沒有放慢腳步，踏過一壘，再繞過二壘，等詹智堯把球回傳到內野，他已經抵達最熟悉的三壘，沒錯，這是一支不折不扣的三壘安打，完全打擊的紀錄沒了，這一夜張志豪只在紀錄紙上留下了十二個壘打數，這個過一陣子就會被遺忘的紀錄，但他心裡卻很坦然。

「違反運動精神的事，我不會做。」

賽後的他，輕描淡寫地告訴記者這句話，為他贏得了所有球迷與媒體的掌聲，但張志豪並不是為了掌聲或名譽才這麼做，「如果那天因為少推進一個壘包而害球隊輸球，就算達成任何紀錄我都不會開心的。」張志豪說，每一球全力揮擊，打出去後全力跑壘，唯有這樣，他才對得起那個好不容易破繭而出的自己。

二〇一六年張志豪再讓自己突破極限，他從開幕戰起就狀況絕佳，每場比賽都敲出安打，竟然刷新了前三商虎隊「鯊魚」鄭幸生保持了二十六年的開季連續二十一場安打紀錄，而且他效法前一年到達一壘時「過站不停」的精神，一路把紀錄推進到不可思議的三十場，樹立自己很難再被打破的「志豪障礙」。

沒有認真投的球通通是壞球！

～日本職業棒球選手、裁判二出川延明

這幾年下來，張志豪找到屬於自己的樣子，卻也因為凡事拚盡全力，導致身上大、小傷勢不斷，始終因傷打打停停，無法擁有一個完整健康的球季，是他最大的遺憾，但那句「不做違反運動精神的事」，卻成了張志豪職棒生涯最好的寫照，永遠盡心盡力，不留遺憾，永遠讓人看到完全燃燒的自己，這就是張志豪。

（鄭又嘉）

我告訴自己全力一搏，站上投手丘就是完全釋放能量。

～蔡明晉

我因為不緊張而感到緊張。

寇爾（Gerrit Cole）

寇爾

二〇一一年大聯盟選秀狀元。投身職棒未滿兩年便登上大聯盟，二〇一九年拿下單季二十勝，至今已累積一百三十勝，曾拿下單季勝投王、防禦率王、三振王。

看似尋常的週二午後，號稱全美最棒場館之一的PNC球場（PNC Park）卻湧進超過三萬名海盜粉絲，大多是為了親睹球隊兩年前以破天荒的八百萬美元簽下的新秀寇爾。賽前除了轉播單位重複播放他大學和小聯盟時期的精華剪輯，場邊亦不乏高舉標語力挺者，甚至有女粉絲看板上就大剌剌寫著「選我當第一夫人」，遙遙呼應寇爾的選秀狀元頭銜。而提到加油看板，應該沒有人比他的故事更教人印象深刻。

時光倒回十二年前、球史首度於十一月份開打的世界大賽。洋基軍團挾著衛冕者威勢，打完五場即順利聽牌，移師亞利桑納的最後兩戰中若能取下一勝，便能達成四連霸偉業。只不過現場洋基迷們不知道的是，近五季笑擁四座冠軍金盃的王朝即將步上頹圮之路，其中包括了跋涉三千公里應援，卻因心愛球隊於第六戰遭痛擊後面帶落寞、手拿著「洋基迷：昨日、今日、永遠」標語而被媒體拍到的十一歲小毛頭寇爾。

生涯初登板，寇爾站上投手丘後舉起手套，接著深深吸了口氣，時速九十六英里的火球隨即朝打者布朗柯（Gregor Blanco）外角竄去，「好球！」主審明快抬手、全場聚焦在投手板上。但其實，這早已不是寇爾首度站上舞台中央……

「顯然地，如果知道他是這麼想，你就不會（浪費選秀權）挑他了。」二○○八年選秀會上，當時地表最具權勢的棒球隊總管凱許曼（Brian Cashman）一臉失落，因為寇爾竟成為七年來首位拒絕首輪選秀的高中投手，更別說洋基開給他的三百萬簽約金足足是第二十八順位行情價的三倍，還有從十一歲起便深植於寇爾身上的死忠洋基迷稱號了。

儘管從小全家都是洋基迷，且鄰居兼偶像休斯（Phil Hughes）前腳也踏進條紋軍團，卻絲毫不曾影響寇爾和父親的決心。在當時尚未成為經紀人的顧問波拉斯（Scott Boras）建議下，這對深謀遠慮的父子做足功課，統計並加權分析高中投手與大學投手升上大聯盟和撐到成為自由球員的或然率，進一步評估就學價值並擬定財務計畫，務求讓寇爾走上最正確的路。最後，在全家支持下，洋基連協議的機會都沒有便遭拒絕，眼睜睜看著獵物投奔名校——加州大學洛杉磯分校。

一好球後，寇爾扭腰甩臂、掌心激射出白光，只見布朗柯放輕力道、試圖打帶跑突襲卻仍揮空，重心因而失衡朝打擊區外倒，只能悻悻然望著投手丘，彷彿暗自忖道：「這小子哪兒來的？」

儘管高中最後一役的無安打比賽遭波拉斯之子尚恩（Shane Boras）破功、

別往後瞧，有些東西可能會追上來抓住你。

～42 歲才登上大聯盟，投到 59 歲才退役的傳奇投手佩吉（Satchel Paige）

賽後仍主動向對手致敬展現風度；前述斷然放棄首輪選秀的成熟態度亦令人佩服，但進大學前寇爾其實曾被不少球探評為過度情緒化，不只場上常怒嗆對手、抱怨裁判判決，甚至責怪失誤的隊友。很快地，寇爾便證明上大學的決定是正確的，因為在校隊「團隊為上」的球風影響下，心性和球技同步提升，還差點率隊拿下校史首座大學世界大賽冠軍。

二〇一一年，就讀大三的寇爾再度證明身價，即使該季表現僅中上，鋒芒也被連九場完投的隊友包爾（Trevor Bauer）瓜分，最終仍躋身該年度第一指名新秀，足見已十九年未嚐季後賽滋味的海賊軍團對他企盼之殷切。

驚魂未定的布朗柯走回打擊區，這次輪他大口深呼吸、彷彿自己才是初出茅廬的菜鳥。轉眼間球兒又來襲，就在揮空棒與球進手套聲同步響起之際，「九十九英里！」場邊主播也不禁為寇爾的生涯首K喝采：「哇，整座球場就像通了電！」

選秀過後不久，寇爾被送往秋季聯盟磨練。縱使是職棒新兵，他的表現依舊優異，面對由「天使至鱒」楚奧特（Mike Trout）和強打少年哈波（Bryce Harper）兩名未來的聯盟最有價值球員毫無懼色、奪下首勝，隔年更連升三級，距大聯盟僅一步之遙。果不其然，二〇一三年當海盜先發陣容吃緊時，寇爾立刻獲召登上一軍。初登板前記者問他緊不緊張，孰料他從容回道：

「我不緊張，那很怪，我因為不緊張而感到緊張。」

事實證明，寇爾的龐然自信絕非無中生有，因為他不但於初登板技壓巨人「少主」林瑟肯（Tim Lincecum）摘勝，該役還以安打敲進兩分打點，隨後更陸續擊退葛蘭基、韋佛（Jered Weaver）等眾家王牌，十足英雄出少年。而之所以有如此優異的表現，除橫溢天賦外，勤學不輟亦為關鍵。

據考父親早在高中時期就帶著寇爾勤做記錄，不只鉅細靡遺記下場上表現，還包括訓練菜單、賽後或練習後疲勞程度評估……等。進職棒後更是用心，無論賽前賽後均勤與捕手、投手教練溝通，且善用逐年盛行的數據分析以提升優勢。此外更熱中於廣納隊友意見，隊上先發老將柏奈特（A.J. Burnett）和李瑞安諾（Francisco Liriano）都是他常請益的對象。「他不只要當隊上的頭號先發，還想成為史上最棒的投手之一。」從投捕搭檔史都華（Chris Stewart）口中，不難窺其旺盛鬥志與企圖心。

二〇一五年季中某日，正當海盜競逐分區冠軍日趨白熱化之際，有人發現

他貧打、弱守、鈍足，但唯一能做的事就是擊敗你。

～名人堂教頭杜若契形容子弟兵史坦奇（Eddie Stanky）先天條件雖差，光靠選球的耐心卻能擊垮對手。

前一晚才對白襪締造個人六連勝佳績的寇爾置物櫃上，赫然出現一張黑桃A撲克牌。「無庸置疑，他就是隊上的王牌。」海盜游擊手莫瑟（Jordy Mercer）道。

歷經三年進化，寇爾已成陣中台柱，二〇一五年更投出生涯年，只可惜光芒全被締造神蹟、演出球史最強下半季的小熊王牌艾瑞耶塔（Jake Arrieta）掩蓋。季末在同區三強鼎立、紅雀驚險出線下，最終小熊和海盜只得進行一翻兩瞪眼的外卡割喉戰。一如預期，雙方推出寇爾與艾瑞耶塔互尬輸贏。

「我會帶領球隊一路贏到最後。」面對左一句艾瑞耶塔、右一句艾瑞耶塔的各方看衰，寇爾在季後賽前的記者會霸氣回應。

儘管寇爾終究因未能實現諾言、無緣率隊晉級而氣餒，不過他憑恃著由才華、努力、鬥志、成熟態度交織而出的信心繼續前行，最後的勝利或許就在不遠處。（正義鷹大俠）

我一球也不想投，也許他會等到不耐煩然後離開打擊區。

～名人堂巨投高梅茲（Lefty Gomez）形容對上強打福克斯（Jimmie Foxx）時不投球或許損失還少點。

幹嘛要知道是誰在投球？投手終究要丟出我能打得到的球啊！

小葛瑞菲（Ken Griffey Jr.）

小葛瑞菲

九〇年代大聯盟最受歡迎偶像球星，全壘打能力驚人、曾是挑戰生涯全壘打排行榜首的熱門人選，最終以六百三十發全壘打名列球史第六。二〇一六年首度候選便榮登棒球名人堂，得票率亦改寫新猷。

體態勻稱、稍顯瘦高的打者緩緩踏入左側打擊區，雙腳跨開略寬於肩、重心平均分布，如輕踩於雞蛋上；上身挺直、舉棒輕迴，微蹲雙膝隨木棒節奏晃動。未久，紅線球激射而至，他抬腿、頓地、扭腰、揮棒一氣呵成，就在手腕掃掠過本壘板須空後，球兒已倏忽曳向外野天際，化作一道永不回頭的巨大白色拋物線……

經歷過九〇年代的球迷提到小葛瑞菲，除了拚命撞上全壘打牆也要接到球的驚險美技，想必對他看來輕鬆、軌跡短促，咬中球時卻爆發力十足的打擊動作亦印象深刻，當年不但大人小孩打球時爭相模仿，也被媒體捧為「史上最美」。而這個動作據傳乃無師自通，其棒球天賦不言可喻。

被暱稱為「小葛」（Junior）的小葛瑞菲，父親是一九七〇年代著名的「大紅機器」成員之一。身為連霸世界冠軍的紅人隊先發右外野手，老葛瑞菲從小就讓兒子跟在身邊，紅人休息室自然成為小葛和其他球員兒女的遊樂場。至於父親的隊友包括安打王羅斯（Pete Rose）、重砲捕快班區（Johnny Bench）、三千安小巨人摩根（Joe Morgan），以及拉丁強棒培瑞茲（Tony Perez）等技藝超群的名人堂打者更是從小看著他長大。

基因與環境交互影響下小葛迅速嶄露頭角，高中畢業便名滿全美，並以業餘選秀會狀元之姿加盟西雅圖水手隊。有別一般選手須花三到五年才能躋身一軍，兩年不到，十九歲的他已是全大聯盟最年輕選手，菜鳥年便拿下年度新人王票選第三名，而當年榜首歐森（Gregg Olson）足足比他大了三歲。

儘管年紀輕輕就功成名就，但曾被教練拉斐爾（Jim Lefebvre）虧說「比較像球僮而非球員」的小葛其實年齡與心智皆未成熟。一九八八年，《運動畫刊》赴小聯盟採訪並觀察到他與前來探班的老葛瑞菲互動，當時不知父親要來找自己的小葛一發現老爸遠遠走來，便不迭地舉手高揮、咧嘴笑著大聲說「嗨」；才走近便一古腦「報告」起近況，老葛瑞菲則不忘一邊提醒他把垂在腰際的衣擺塞回褲頭，以及將脖子上的項鍊收進高領球衫裡，活脱仍是個青少年。

正因才華洋溢，靠天賦打球的他常出現揮棒後不積極跑壘、練習時耍寶嬉鬧，或是和場上對手談笑等行徑，不愛熱身的他面對質疑時竟還說出「印度豹撲殺獵物前會先做伸展嗎？」以及「拜託，你覺得我是個會聘私人訓練員（做額外訓練）的人嗎？」之類的歪理。此外，他也不像多數打者熱中鑽研投手優缺點，守備時更仗著腳程鮮少摸清打者習性，甚至自爆賽前開會時常分心，「我幹嘛要

他不只是打垮投手，而且還奪走他們的尊嚴。

～名人堂強投薩頓（Don Sutton）形容史塔傑爾（Willie Stargell）常轟出大號全壘打的怪力簡直讓投手信心崩潰。

知道投手丘上是誰在投球?沒啥比這更不重要的了，投手終究要投出我能打得到的球啊！」

某次對上名人堂巨投布萊利文（Bert Blyleven）時，隊友特別提醒他要注意走後門的絕殺曲球，小葛雖點頭道謝，孰料又回頭問道：「那他是左投還右投？」搞得隊友當場傻眼。

儘管打球不費吹灰，但小葛在身為選秀狀元、背負各方期待下卻因常前述態度而招致「未全心付出」、「只為了錢而打球」等批評，就連愛反戴球帽這種小事都引來時任洋基教頭的修瓦特（Buck Showalter）側目、斥為不尊重比賽。一九九二年春訓時教練甚至送了個奶嘴給小葛，暗指他既不成熟又愛抱怨像個小寶寶，孰知事主仍無所謂地掛上脖子，還開心秀給記者拍照。

凡事都有一體的兩面，雖被前輩批評，但小葛對球迷的吸引力也正源於那一臉稚氣、純真如孩童般的燦笑，尤其每當自己或球隊有好表現時，深具感染力的笑容更彷彿是耀眼燈泡，隨時能用歡樂情緒點亮全場，人氣因此水漲船高；加上常像鄰家男童一般愛反戴球帽，因此贏得了「孩子」（The Kid）的綽號。

不只帶領球迷重新體驗兒時在街頭「玩」棒球的單純與快樂，小葛瑞菲曾與父親在場上並肩作戰的故事也令人津津樂道。上大聯盟第二年季末，水手將遭到紅人釋出的老葛瑞菲延攬入隊，不僅成就球史首對父子檔隊友、兩人比鄰鎮守外野等佳話，棒次相連的他們更在球季結束前陸續達成連續敲安、全壘打連發的特殊紀錄。

為慶祝父子倆初次並轡上陣，水手特地於球場大螢幕播放小葛仍在大學就讀的小弟照片，父子兩人登時相視而笑的溫馨場景至今仍是雋永經典。該場比賽結束後，年僅十九歲的小葛不禁有所感：「這就像是父子間的遊戲、像是在後院玩傳接球，然而，我們卻是真真實實的在打一場大聯盟比賽。」而對於向來推崇家庭價值、頌揚世代傳承的棒球運動而言，超越勝負與紀錄的深遠意義更是不言可喻。

隨著父親退休、走入婚姻，以及長子出生後，當年那個「孩子」逐漸成熟且富責任感，場上表現也不斷自我超越、兌現攻守俱佳的大物潛能，更率水手自創隊以來首度殺進季後賽，最終成為人氣與實力兼具的傳奇球星。但，唯一不變的，仍是那迷死人不償命、將他推上九〇年代棒壇看板兼時代印記的笑顏。

球涯後期被問到數度超越前人歷史紀錄的感想時，小葛先是裝不懂地開玩

想讓快速球從他眼前溜過，無異向司晨的公雞偷走拂曉。

～明星投手西蒙斯（Curt Simmons）盛讚漢克阿倫（Hank Aaron）的揮棒速度。

笑：「我對歷史向來不拿手，數學和理科比較強。」接著才正色道：「我打球是為了樂趣，當你放輕鬆時才能打得好。我要的是成為自己能做到的那種最佳球員，而非別人所期待的。當退休時，希望人們會這麼說我：『他打球全力以赴、享受樂趣，而我很享受看他玩球。』」

真心樂在其中，或許正是小葛瑞菲擁有精采球涯與無悔人生的王道。（正義鷹大俠）

你就投給他打！後面還有八個人幫忙防守！

～「假日飛刀手」陳義信

我不喜歡別人叫我「別那麼拚」，我只是習慣這樣打球的自己。

藍寅倫

藍寅倫

少數進職棒才大放異彩的球員，二〇一四年以黑馬之姿拿下中華職棒年度最佳新人，成為中職史上最低選秀順位（第七輪第二十三順位）的新人王，該年同時也抱走最佳十人、總冠軍賽優秀球員等獎項，堪稱大豐收的一年。至今已三度被選為最佳十人（二〇一四、二〇一八、二〇一九）。

對二〇一四年的Lamigo桃猿而言，藍寅倫實在是個陌生到不行的名字，因為在前一年，他不過是個第七輪才被選進的球員，按照這個順位代表的意思，代表著這個球員並沒有被期待成為「一軍咖」，更遑論能夠搶下一席先發位置，有可能三四年之後，就只能在職棒年鑑裡回味這個名字。

在當時的桃猿外野陣容裡，金手套級的詹智堯、鍾承祐已經是固定兩員先發大將，剩下一、二軍還有合計七、八名外野手只能競爭最後一席，第七輪才被選上的藍寅倫，被認為有機會成為一軍的替補球員，但也就是個替補，其實他不是沒有實力，而是在業餘時代就因為打球太拚，常常在關鍵時刻受傷，導致國手選拔時常常因傷缺席，名氣也因此不夠響亮。

他在業餘最有機會的一年是二〇一一年，當時他以超過五成的打擊率，拿下甲組春季聯賽打擊王，這讓他一舉入選了當時的中華培訓隊，有機會代表台灣去打港口盃與世界棒球挑戰賽，但就因為受傷，讓他失去了這個機會；二〇一二年他入選世界大學棒球錦標賽國手，竟然因為參賽隊伍不足，導致比賽被取消，再度與國手失之交臂，這就是標準的藍寅倫，「運氣」永遠都不站在他這邊。

但進職棒的第一年，幸運依舊不是他的代名詞，只是藍寅倫開始用實力證明，自己未必需要運氣，也可以留名青史。

他不僅開季就上到一軍，而且展現出讓人驚喜的各種技能，攻守都有出色的表現不說，還常常在緊要關頭演出盜壘成功，或是藉著對方守備上的疏忽多前進一個壘包，常常因此能帶起球隊士氣，半個球季打完，他的所有數據幾乎都名列前茅，全壘打數雖然比較少，但他在明星賽週末補足，藍寅倫在該年全壘打大賽中跌破眾人眼鏡，擊敗眾家巨砲奪冠，再度上演驚奇戲碼。

但會讓他迅速成為球迷的最愛，還是來自於他在場上那種「沒有明天」似的打法，只要上壘後，他在壘間永遠不會安分，總是像隻獵豹一樣，把下一個壘包當成獵物，隨時想辦法拿下來，全力衝刺然後全力撲壘，濺起漫天的紅土，成了他的超級註冊商標，每次他成功推進，總會讓全場球迷熱血沸騰，有隊友笑他「球衣從來沒有乾淨過」，藍寅倫笑了笑，把這當作最高的恭維。

就在聲勢推到最高點的時候，傷勢卻再度找上他，那年九月初，有一次擊出滾地球，藍寅倫感覺自己很有機會能夠上壘，就下意識地撲向一壘，想不到造成了右手腕骨裂，該年剩下的球季完全報銷，不過，隨後他竟然在總冠軍賽時奇蹟復出，繼續演出超人身手，幫助桃猿拿下總冠軍，自己也獲選總冠軍賽優秀球

你無法衡量心的強度，拚勁也不是人人學得來的，這就是我自豪的東西。

～前統一獅洋投費古洛

員，後來在桃園的封王遊行，所到之處獲得球迷的歡呼聲，並不亞於陳金鋒，顯示出他的超高人氣。

藍寅倫沒有因為前一年的受傷就改變打法，也一直處在受傷的狀態中，隔年他依舊因傷只打了五十六場，二〇一六年他調整好再重新出發，卻開幕戰就在守備時撞傷了膝蓋，到二軍開始復健賽之後，又因為滑壘讓膝傷加劇，最後不得不動手術根除病灶，球季也再度報銷，而且全身上下這幾年還累積了不少其他的大小傷勢，球迷不斷留言喊話要他「別那麼拚」，他自己卻有不同的想法。

「我不喜歡別人叫我『別那麼拚』，我只是習慣這樣打球的自己。」

從學生時代，藍寅倫學到的棒球精髓就是，每一顆球都拚到極限，攻擊上尋求任何一個上壘的可能，守備上想辦法接到每一顆球，看著職棒經歷這麼多次的烏雲罩頂，他心裡想的是，等自己有機會站在這個場上，他一定不要讓自己對不起身上那件球衣，一定要讓每個買票進場的球迷，都可以帶著微笑滿足的離開，帶著這樣的信念打球，讓藍寅倫覺得快樂。

這幾年的受傷，還是讓他有了新的體認，拚可以，但是不要拚過頭了，「我現在知道撲一壘並不會增加上壘的機率，所以不會去做這個動作，但該拚的球我還是會拚。」他懂得這些「無謂的拚」看起來很熱血，但卻會讓受傷機率大幅增加，後果就是，自己不能在場上繼續拚給球迷看，坐在家裡看著隊友奮戰，是比受傷更難過的事情。

在他忙著養傷，無法固定出賽的這兩年，球隊陸續補進王柏融、陽耀勳、朱育賢等擁有高檔攻擊火力的外野手，也讓藍寅倫即使傷癒歸隊，還得面臨強烈的競爭，這都是拚過頭的後果，一切究竟孰輕孰重，他心裡也開始有了譜。

因此二〇一六年季中時，他原本想要在傷勢好了八成之後就回到球隊，也考慮不開刀，用復健的方式進行，讓自己還有機會在這一季歸隊，但想通了這一切後，他選擇不硬撐，「過去我真的太逞強，傷還沒好就拚命想上場，換來的就是更嚴重的傷，然後要休息更久，但現在我學乖了，一定要讓自己完全復元再回來。」這一次，他努力遵守醫生的囑咐，做好每一次的復健，耐心地等待能夠通體健康回到球場的那一天。

如果再讓藍寅倫重新回到球場，他知道自己不會改變任何球風，仍然會像瘋子一樣，拚搶每一個壘包與每一顆球，但前提是，自己得先能充分的保護自己，這樣才能有更多更多展示拚勁的機會，讓愈來愈多人的認識藍寅倫的「拚」是什

我把每一年都當作最後一年在拚。

～許銘傑

麼樣的風格。

他一樣會拚，一樣不喜歡別人叫他「別那麼拚」，因為這一次，他知道怎麼拚下去了。（鄭又嘉）

該拚的時候就要拚輸贏，不該硬來的時候，就得和對手慢慢磨。

～高建三

盯緊投手投來的每一顆球，是我站在打擊區時唯一想的事情。

彭政閔

彭政閔

綽號「恰恰」，因為打擊數據太過誇張，根本不像地球人，因此也被稱為「火星恰」，球員生涯一直都是中華職棒最有人氣的球員之一，創下新人年開始連續十九次入選明星賽，連續十五年人氣王的紀錄。生涯獲得的個人獎項不計其數，堪稱中職的代表性人物，於二〇一九年引退。

如果中華職棒要選一個終生代言人，這個人如果是「恰恰」彭政閔，相信應該不會有人投反對票，這些年下來，彭政閔的地位、人氣依舊無人能及，不僅前無古人，相信要有來者也很不容易，會成為「中華職棒的臉」，絕對不是只有出色的成績，而是他溫暖中帶著堅毅的人格特質。

恰恰生涯的豐功偉業已經不用贅述，招牌的推打打成反方向全壘打，也成為註冊商標的「恰式打法」，但看似一切平順無比的棒球生涯，這幾年卻悄悄地拉起警報，最明顯的警訊在於，這個生涯從來沒有一季打擊率低於三成的男人，二〇一四年有大半年打擊率都在三成以下，最後以三成〇一低空飛過。

隔年，在眾家砲手都瘋狂出擊，狂飆長打的「超級打擊年」，他的全壘打數卻跌到生涯最差的四支，長打率更是生涯首度跌破〇點四，二〇一六的開季，總教頭吳復連甚至做出了史上最大膽的決定——讓恰恰坐板凳，而且適逢他的五年球員合約也到期了，所有人都在問，究竟這個台灣的「國民打者」怎麼了？他的生涯真的接近尾聲了嗎？至少，「這不是恰恰」的疑問，開始全面發酵。

事實上，在恰恰進職棒到崛起的年代，訓練的觀念還很落後，球隊多不重視重量訓練，天賦異稟的恰恰就在這個時候，繼承了老一輩「多跑」、「多揮棒」

的落後觀念，年輕的時候可以依賴過人的協調性跟敏捷度打球，一旦有了年紀，身上的大小傷勢一直累積，肌肉力量逐漸衰退之後，要面對一年一百二十場球賽，就開始有力不從心的感覺。

「以前我們年輕的時候什麼都不懂，就是一直傻傻的練，一切都等當完兵再說。」彭政閔說，「就算進了職棒，很多東西也是得自己去請教別人，到三十歲以後才懂重量訓練的重要，但不知道是不是有點晚了。」已經三十七歲、職棒生涯打了十五年的彭政閔有了這樣的感慨，在林智勝轉隊、旅美的蔣智賢回台加盟後，加上隊上不少年輕打者竄起，他深深感受到，自己已經不是打線中不可或缺的那門強力火砲了。

即便如此，彭政閔還是沒有放棄，他繼續了自己三十歲後才懂的重量訓練，在場上，不去計較自己有沒有先發，就算沒有上場，他也在板凳席上研究對手戰術、投手配球，也鼓勵著年輕的隊友們，等待比賽後段，戰況膠著的時候上場代打，就有一棒逆轉戰局的機會，每當站在打擊區，他就忘了自己幾歲，忘了自己是誰，腦海中很安靜，安靜得幾乎聽不到場邊球迷的加油聲。

「盯緊投手投來的每一顆球，是我站在打擊區時唯一想的事情。」

投手只有一顆球，我有支球棒，我的武器佔上風，因此能讓手上拿球的傢伙沮喪苦惱。

～生涯755轟的漢克阿倫（Hank Aaron）

恰恰形容起上場打擊的時候，總是特別地傳神，他什麼都不想，只想著該怎麼打，才能把壘上的隊友送回來，他忘記打擊率的數字，忘記自己打了幾發全壘打，反而在這三十七歲，大家認為他可能要退休的時候，再度上演復活秀，打擊率、長打全部回升，儘管讓出了四棒寶座，他卻在別的棒次繼續伏擊對手，他讓兄弟球迷開始習慣，自己不是那個攻守記錄表上的第四棒，卻是球迷心中永遠的不動四番。

中信接手的第一個半季，就像進入生涯轉換期的恰恰一樣，突然像找不到方向般地掉到谷底，但當恰恰開始相信自己，他的瞇瞇眼只「盯緊投手的每一顆球」的時候，戰績就立即止跌回升，兄弟還是連續三年都打進總冠軍戰，完美地完成了球隊經營權的轉移任務，讓老東家滿意，新東家也得意。

在球場之外，恰恰也懂得發揮他更多的影響力，在球員工會的成立之路上，付出了很大的心力，他知道在勞方絕對強勢的中華職棒裡，還是有很多二線與年輕球員需要幫助，因此他努力推動制度上的改革，讓球員能得到更多的保障，也讓球員們愈來愈能支持工會發展。

過去自己在成為自由球員的時候，並沒有相對成熟的自由球員制度，能幫助自己拿到頂級合約，撇開陳金鋒不談，恰恰當年簽下的五十五萬月薪，陸續被林益全、林智勝等後輩被超越，讓很多球迷為他抱屈，認為如果他當年如果勇敢轉隊，或是他再年輕個幾歲，以他的地位，成為首位月薪破百萬的球員，絕對是理所當然的事，也有很多人認為，是當年的兄弟老是要球員「共體時艱」，因而虧待了他，但恰恰並沒有怨懟這一切，反而更努力地在工會推動制度的改革，好讓更多後輩受惠。

心境上，他更已不是當年一怒下手搥變電箱，造成手掌骨折而整季報銷的血性青年，現在的恰恰，已經有一雙兒女，就像那個雞精廣告一樣，球賽結束後回家還要「加班」，再累也要當起孩子們的大玩偶，內心也因此柔軟了不少，很珍惜家庭時光的恰恰，也把對家人的愛擴大，總是默默地參與公益活動，遇到主辦單位經費不足時，他總會私下自掏腰包，就是希望能給下一代更好的打球環境。

彭政閔的價值，並不是帳面上那些耀眼誇張的數據，或是一座座滿到家裡快放不下的個人獎項獎座可以說明的，如果說陳金鋒等於中華隊，那麼恰恰也就能與中華職棒畫上等號，因為他帶著中職走過了最黑暗的日子，那個他望著觀眾席，安慰自己「球迷們一定是因為塞車所以還沒到」，球場一片空蕩蕩，生存岌

任何時候只要你覺得搞定了比賽，它就會轉過身、直朝你鼻子狠揍一拳。

～名人堂三壘手施密特（Mike Schmidt）

岌岌可危的時代。

因此不管江山代有才人出，不管他是否已經退休，永遠會有一個至高無上的位子，留給恰恰，也永遠會有人記得，他站在打擊區上冷靜、專注，然後一棒擊沉對手的經典畫面。（鄭又嘉）

不管打第幾棒，能對球隊有貢獻最重要。

～陽岱鋼

人生有很多事情我無法控制，我能做的就是堅持與全力以赴。

周思齊

周思齊

綽號「周董」，中信兄弟的超人氣球星之一，每年都是明星賽時的超級吸票機，堅持不參與放水的風骨非常令人敬佩，創立的「球芽基金」提供不少項目的贊助，至今讓很多基層球員受惠。

那一段日子，周思齊可能這輩子都不願意再想起。

整支球隊被黑道滲透且控制，沒有人能在場上盡情的發揮實力，所有人都得被迫配合打假球，如果不順從，要接受的就是無止境的威脅利誘，但周思齊沒有淪陷或屈服，他憑藉著堅定的信念，從那個泥沼裡奮力掙脫，然後重新脫胎換骨，成為中華職棒的另一頁傳奇。

米迪亞暴龍在二〇〇八年的集體放水事件，是中職史上規模最大，詭異程度到可以拍電影的案件，因為黑道人士從購買球隊就開始運作，然後成功從誠泰手中買下球隊後，就直接指派特定人士進駐球隊，把球員與教練當成棋子，直接操控球隊勝負，許多年輕球員禁不起金錢的誘惑直接淪陷，得到了一時的虛榮，但也賠上了整個生涯，最後整支球隊毀滅殆盡，只有少數幾個人能全身而退，周思齊就是其中之一。

「那個時候在球隊裡，根本不知道能相信誰，你也不知道遇上這種事情能怎麼辦？就只能一直提醒自己，千萬不要忘記當初為什麼要打棒球。」周思齊的那段黯淡日子，從一把槍與十萬元開始，在被逼迫之下他只得收下那十萬元的「獎金」，雖然自己還是想盡辦法還了回去，各方證據與法律也都還了他的清白，但卻還是成了一輩子難以抹滅的痛。

望著場上收了錢的隊友拚命失誤、投手賣力地投保送、打者發了狂似地看到球就亂揮，比賽完卻還能談笑風生，換套衣服跟組頭們「慶功」去，想要全力打球的周思齊因為不能「配合」，只能坐在板凳席上，因為早在組頭逼他選擇槍或錢的時候，他做的選擇是「我不打了」，他犧牲球員最寶貴的精華時刻，只因為不願出賣自己的靈魂。

那年球季結束，隊友們大部分被繩之以法，周思齊竟然在這種情況下，還能以優異的成績，拿下該年最佳十人獎外野手，他不顧所有人的懷疑眼光，還是抬頭挺胸地走進頒獎典禮會場，堂堂正正地上台領回這個得來不易，更是讓人五味雜陳的獎座，領獎時，他哽咽地道盡自己這一年來的委屈，他告訴大家自己心裡最重要的一件事。

「人生有很多事情我無法控制，我能做的就是堅持與全力以赴。」

黑道什麼時候願意放過球隊，他無法控制；隊友要不要配合放水，他也無法控制；聯盟與檢調什麼時候要出手整治已經快要失控的情況，他更無法控制；他只能武裝好自己，等待雲開月明的那一天，還好正義來得不算晚，這一年過去，

有曼尼，我們很認真，沒有曼尼，更要認真，把球打好，就是對球迷最好的交代。

～「徐總」徐生明

米迪亞解散，他是少數沒有被劃上「黑標記」的球員，在聯盟辦的特別選秀中，依舊被兄弟象選中，人生也有了不一樣的開展。

在等待的那段時間裡，周思齊自費買球具、自己找地方訓練，甚至已經規劃好，如果沒有被選中，可以有機會到日本獨立聯盟打球，或是到學校任教，而兄弟願意相信他，讓他得到重生的契機，讓他格外珍惜。

隔年兄弟再爆發「黑象事件」，周思齊依舊是那個堅持不參與放水的人，因此沒有被捲入事件中，依舊潔身自愛的他，在這樣惡劣的環境裡持續進步，二〇一二年他完全破繭而出，單季轟出二十一發全壘打，所有打擊數據幾乎都來到生涯新高，讓他終於可以抬著頭，笑著走上台，領回年度最有價值球員的獎座，這幾步路，足足花了他八年的時間，而這八年裡面，已經有許多流星隕落。

「我好不容易才能擺脱那些不愉快的事情，回到球場以後我告訴自己，凡事都要盡力，要把所有力量放在球場上，有沒有拿獎不重要，重要的是我珍惜能打球的每一天。」周思齊説，拿到最有價值球員，他最大的體會是，當自己知道有球打的日子多珍貴時，就不會去想得獎的事，用這種心態打球，成績自然就會來，球隊也會贏球。

周思齊在米迪亞時期，人生跌落到谷底，卻在到了兄弟後，慢慢攀上他沒有想過的高峰，兄弟後來易主中信，從小本經營的球團變成了大財團，二〇一四年他與球隊簽下五年長約，所有的球隊宣傳品，球場的周遭，都有他大大的照片與海報，廣告、代言也都找上門來，個人商品在球隊商店中熱銷，他逐漸成為中信兄弟的看板球星之一，這是當年差點失業的他根本不敢想像的。

嚐到走紅的滋味，並沒有讓周思齊迷失，反而讓他開始思考，希望能用自己的力量去改變一下環境，也讓下一代的小球員們，不要再走他們走過的冤枉路，因此他成為第一個成立個人獎學金的球員，甚至贊助球員到日本就讀高中，只要提到「回饋」，他總是很大方。

周思齊心裡的初衷沒有改變過，因為無法改變外在條件的控制，只能自己多加努力，而如今，自己有機會變成那個能改變外在條件的力量時，他就要想辦法發揮正面的影響力，讓小球員們更能心無旁騖地發展，「我是靠著很多人的幫助才能走到這裡，所以理所當然的，我也要付出我的力量。」周思齊說。

懂得拒絕誘惑與抵抗威脅，愛惜自己的羽毛與棒球人生，然後把這份經驗化作幫助下一代的養分，作為一個職棒球員，周思齊做了最棒的示範。（鄭又嘉）

也許有人會說我沒有實力，但是我不會放棄的，我會一直努力到不能投球為止。

～張志強

最好的復仇方式，就是站上大聯盟，然後三振他。

曾仁和

曾仁和

來自高雄的年輕強投，青棒時代就展露頭角，動輒一五〇公里以上的速球，加上出色的曲球與變化球，讓他獲得大聯盟球隊的青睞，二〇一三年以近台幣五千萬的價碼加入芝加哥小熊，當時大聯盟官網與所有美國所有棒球權威媒體都預測，他將是下一個登上大聯盟的台灣球員。

談到下一個能登上大聯盟的台灣球員，「土虱」曾仁和絕對是不能不被記住的名字，他不僅被看好能夠成為下一個王建民、陳偉殷，更被評估能夠長期站穩大聯盟，而這一切，來自他樂觀、有自信的個人特質。

青棒時期的曾仁和就已經嶄露頭角，十六歲時球速就已經能飆破一四五公里，高雄三民高中時代，在教練團刻意的養成與保護之下，讓他能保持健康的的手臂與厚實的身材，三年高中生涯下來，他的球速輕鬆突破一五〇公里，讓長期關注他的大聯盟球隊垂涎不已。

二〇一二年是他破繭而出的一年，他在世界杯青棒賽中一夫當關，中華隊最後雖然沒有拿下冠軍，但曾仁和獲選該屆比賽的的最佳後援投手，他馬上「破格」被放入經典賽的觀察名單中，在經過集訓與幾場熱身賽後，總教練謝長亨把他放進了正式名單中，他成了該年經典賽資格賽與亞錦賽中華隊最年輕的球員。

特別是經典賽，各國都集結了分布在全世界職棒效力的菁英，中華隊也不例外，但曾仁和卻是裡面唯一沒有職棒經驗的球員，可以看出當時大家對他的肯定，後來他雖然在經典賽中沒有吃重演出，卻在亞錦賽中對韓國隊先發六局無失分勝投，依舊看得出他在大賽中的強心臟。

棒球是這紛亂世界裡唯一秩序井然的事，假如你吞了三顆好球，就算最棒的律師也救不了你。

～棒球上史最棒的球團經營鬼才維克（Bill Veeck）

超齡的身手註定無法當個池中物，二〇一三年大聯盟球隊展開搶人大戰，至少有十支球隊到台灣長期記錄曾仁和的比賽，也有多隊正式提出報價，最後芝加哥小熊隊成為最後勝利者，以一百六十二點五萬美元（將近台幣五千萬）的高價簽下，這是台灣球員史上第四高價，特別是在大聯盟剛開始展開簽約金限制，避免市場失控的時代，更顯得難能可貴。

就這樣，曾仁和收拾行囊，飄洋過海開始自己的旅美生涯，他先來到了小熊隊的所在地芝加哥參觀，踏進充滿歷史的瑞格利球場（Wrigley field），讓他對未來充滿嚮往，堪稱大賽型投手的他，多希望能立刻在這裡，在爆滿的球迷面前，投出一場生涯代表作。

以十八歲之姿站在經典賽場上，面對世界各國精銳重砲的曾仁和，免不了要付一點學費，他在熱身賽時對上古巴隊擔綱先發重任，雖然度過首局，但次局卻被狂敲九支安打，包括一發全壘打狂失九分，而在正式比賽中的第二輪複賽，他又被敲全壘打，慘烈地結束了這次的經典賽之旅，不過，這也成了他想在芝加哥成功的一個強烈動機。

這批古巴悍將們，後來有很多人都投入了大聯盟，其中重砲手阿布瑞尤

（Jose Aberu）在經典賽中打出打擊率三成八三、三轟、九分打點的好成績後，隨即以「叛逃」的方式赴美，後來與芝加哥白襪隊簽約，正好與小熊隊在同一個城市，只是分屬不同聯盟。

看到這個曾打爆自己的「世仇」竟然可能未來與自己將在同個城市打球，曾仁和的態度非常正面，甚至，他已經想好了復仇方式。

「最好的復仇方式，就是站上大聯盟，然後三振他。」

站在小熊隊1A球場，曾仁和很豪氣地這麼說，大聯盟是個實力決定一切的地方，他完全懂得，自己只是一個初來乍到的新人，要真正地談「復仇」，唯有自己繼續成長，不斷地升級，到了能跟阿布瑞尤站在同個賽場上時，才有機會讓阿布瑞尤連揮三個空棒，然後搖搖頭走回休息室。

這樣的畫面，常常在曾仁和心裡出現，為了讓這個畫面成為現實，他付出最大的努力，第一年在1A就有爆炸性的演出，防禦率低到只有二點四〇，每局被上壘率更是誇張的〇點八七，不僅是當時隊上的頭號王牌，更獲選小熊隊農場年度最佳投手，這讓他圓了一半的夢想，因為他在小熊隊主場接受頒獎，也接受滿場球迷的歡呼，距離在這裡三振阿布瑞尤，就只差一步了。

絕對別讓被三振的恐懼，阻礙你揮棒的決心。

～終結死球年代、開啟全壘打盛世的球王貝比魯斯（Babe Ruth）

在球團工作人員眼裡，曾仁和更是個勇敢的大男孩，他沒有一般亞洲人的生澀與害羞，非常樂意與所有人溝通，跟隊友更是很快就打成一片，所有人都知道，這個位於芝加哥郊區的小地方，很快就要留不住他了。

「在美國一切都要靠自己，如果你不敢開口，那就是死路一條。」曾仁和秉持著這種「不怕丟臉」的精神，凡事都試著自己來，如果真的不行，再想辦法多聽、多看，久了他就能找到SOP，就算常常想找自己朝思暮想的米飯來吃，發揮這樣的精神就一點也不是難事。

隔年他升上了高階1A，表現仍然維持一定水準，到了二〇一六，他沒有卡關，再升上代表被球團認可未來有上大聯盟實力的2A，也被美國權威雜誌「棒球美國」選為小熊隊小聯盟第二十名的潛力新秀，預估最快二〇一七年就有機會踏上大聯盟，曾仁和就這麼順利地朝著他的復仇之路挺進。

積極、樂觀的個性，造就曾仁和不畏懼新環境的特質，而這也是身為一個球員最需要的，畢竟他們幾乎人人從小就離鄉背井，跟著球隊集體生活，到了下一個階段，就又要打包行囊，再投入下一個陌生的地方，很多台灣球員來到美國後，並非球技不如人，而是敗在生活、語言上無法適應，或是無法敞開心房，去接受並融入一個新的棒球世界，並承受著一次比一次更強的打擊。

曾仁和十八歲時就面對著全世界最強的打者，儘管遭到重擊，但他心念一轉，到了新環境後，馬上用這個作為信念，驅使自己繼續成長，在某一天漂亮復仇的時候，滋味一定會更甜美。（鄭又嘉）

我從高中時代就沒有不揮棒被三振的經驗，如果有，一定是壞球被裁判判好球。

～保有大聯盟單季最多安打紀錄的日本名將鈴木一朗

如果人們不嘲笑你的夢想，那代表它不夠遠大。

哈波（Bryce Harper）

哈波

年僅十七歲即榮登大聯盟選秀狀元，兩年後更以球壇最幼齒選手之姿獲頒國聯新人王獎項，並刷新球史二十歲以下選手包括長打數、壘打數、綜合評價指數（WAR值）等攻擊數據。二〇一五年勇奪國聯最有價值球員獎，為史上第三年輕得獎者。

似乎不甘於上季狂掃隊史次高的勝場數卻無緣世界大賽，二〇一五年季前華盛頓國民隊和賽揚巨腕薛澤（Max Scherzer）簽下七年破兩億美金鉅約，陣中先發陣容一字排開皆堪任他隊王牌，此舉除震撼球界，直指冠軍金盃的企圖更不言可喻。

隨後春訓展開，記者兜著圈的話題自不外如是，而當頂著龐克油頭、滿臉鬍髭的國民中心打者哈波被問及此事時不僅語帶興奮，還笑著自問：「我的冠軍戒在哪兒？」

此話若出自一般選手口中，或許只會成為聊過就罷的笑談，偏生二十二歲的哈波既非「一般選手」，更是媒體聚焦、年少得志的天才球員。在斷章取義、只求點閱的速食媒體環境下，迅即被渲染為乳臭屁孩的妄語。發言傳開後，不以為然者大有人在，敵隊球員甚至放話回嗆：「我保證，他別想輕易得到那枚戒指。」值此同時，哈波也在ESPN「最被高估選手」的同儕票選中尷尬連莊，得票率甚至高過素以自我聞名的古巴強打普伊格（Yasiel Puig）兩倍以上，足見業界評價之差。

檢視前兩個球季，儘管因傷表現平平，但若換算成打滿整季，哈波在剛滿

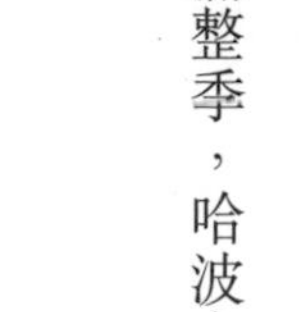

當一個職棒球員你必須是個男子漢，同時保有最初的純真。

～大聯盟名人堂球員康帕內拉（Roy Campanella）

二十歲的前兩年仍有單季二十五轟、近七十分打點的優異效能，遑論在膝傷、拇指傷威脅下仍名列聯盟前段班的上壘率和長打率。之所以被批為過度高估，無疑和他成名甚早，以及高度期待下的落差脫不了干係。

從開始打球起，越級挑戰對哈波便有如家常便飯。一進高中便晉身校隊主力、高二跳級至大學打球已夠令人驚奇，高中全壘打大賽一記彷彿直達天際的五百七十英呎怪力轟更令他聲名大噪。進大學首年即使對上大自己三到五歲的投手且改拿木棒，短短六十六戰中仍大殺四方，締造四成四三的神鬼打擊率和近百分百長打率，並將三十一顆球扛出牆——當時校史全壘打紀錄僅僅十二支。超人表現加持下，哈波十七歲便成為選秀狀元，也成為他未演先轟動的職涯起點。

第一順位選秀雖非成功保證，哈波卻如預期迅速嶄露頭角。只在小聯盟磨了一百三十九場比賽，他和再也關不住的天賦就被召喚上一軍，成為球壇最年輕的菜鳥，並於首戰第三打席就擊出越過中堅手頭頂的深遠二壘打。像是嫌頭盔礙事，跑壘時他索性半途撥掉、讓一頭不羈亂髮迎風飛舞，瀟灑踏上壘包。

猶如呼應首安時秀出的沛然自信，季末他勇奪新人王、和美聯新人王楚奧特並稱新世代強打典範，還率隊殺進季後賽，令人對這位小將更寄予厚望。賽揚強投皮維（Jake Peavy）曾說，對決哈波時，他的投球策略和遭遇拿過四座打擊王、兩座全壘打王卡布瑞拉（Miguel Cabrera）沒有不同，足見其未來性。

也正因如此，當隨後兩季哈波僅繳出中上成績時不但沒人喝采，和進化彷彿沒有極限的楚奧特對照下甚至被評為潛力遭誇大。少有人注意，哈波比起楚奧特小了一歲有餘，且這兩年間完全沒遇過年紀小於自己的投手，甚至新人王得主都比自己年長。更別提在二十一歲前完成五十轟、三十盜成就史上僅五人能及，以及在傷痛纏身下達標的可貴了。

不只成績遭詬病，自信與自傲介於一線間的態度也隨表現不如預期而經常被攤在放大鏡下檢視。前述惹議的「我的冠軍戒在哪兒？」一席話外，某次開轟後作勢飛吻對方投手的舉動亦被斥為異端與自負，影片被放上網後不僅網民群起攻之、名人堂前輩看不順眼，就連隊上高層都公開撰文直批幼稚，媒體甚至將他形容為怪咖。

儘管高中時質疑主審好壞球、用球棒在本壘板旁畫線遭驅逐的故事早就傳開，天才如他也確實多上幾分傲氣，但一如因拚戰受傷而影響表現非他所願，被過度解讀亦非自己能控制。回顧前述案例，雖然哈波開轟後獻吻狀似蔑視，其實

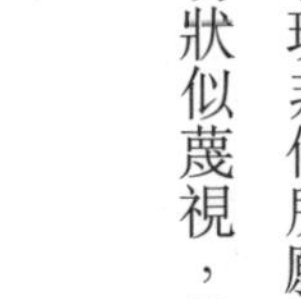

所有的總教練都是魯蛇，他們是地球上消耗最快的家具。

～打擊之神威廉斯（Ted Williams）就任教頭時自我消遣

乃因對手挑釁在先、引發全隊激憤，在不想正面衝突或爆粗口下才出奇招回敬。

常動輒得咎、惹來爭議的哈波不諱言「做別人不喜歡的事就被視為壞人」實在瘋狂，也自承不在意人們怎麼想，但態度卻異常成熟：「比起擔心他人想法，更該在乎的是球隊和自己表現得如何。」此外，他也拿素以自負聞名、成就卻不遜色的「十月先生」傑克森（Reggie Jackson）來自我激勵：「我樂於迎戰逆勢，每當被噓，就讓我想起傑克森說的：『人們不噓無名小卒。』我欣賞這樣的態度。」

相信自己、不輕易放棄的特質，從哈波拚命三郎的打球風格亦不難想見，儘管這正是他二〇一三年起連兩季掛傷號的主因。在他的大聯盟首役中，多數人或許只注意到那支二壘安打，但首打席揮出平凡滾地球後竭盡全力、紅色球衣化為一團烈火般撲往一壘的狠勁，或許才是他的最佳寫照。有人形容那次跑壘儼然一部招搖過市的歐洲超跑，奮戰態度更神似其兒時偶像——「拚命查理」羅斯（Pete Rose），至於他自己則表示：「希望人們知道這不只是場秀，我每天都會像是要撞破一堵牆那樣、加足馬力衝過去。」

此外，勤練好學、總試圖提升自我則是多數熟知哈波的人共同的評價。從兒時立志打職棒被嘲笑，直到高二在眾人看衰下通過同等學力測驗、跳級大學以取得選秀資格的努力早可見一斑，國民助理總管哈里斯（Doug Harris）則讚道：「多數父母都會希望兒子像他一樣，用這種方式來準備事情。」不願當個無名小卒，哈波付出的，顯然比天賦要多更多。

走過低谷的二〇一四，哈波在國民季後賽遭巨人擊敗的逆境下，以三發紅不讓畫下句點，彷彿預示即將破繭而出。隔年季前，縱使連莊「最被高估選手」票選和「我的冠軍戒在哪兒？」等爭議橫亙在前，極度自我要求的他仍帶著愈發精壯的體魄投入新球季，而唯一的改變，在於心態。

「前幾年，他每天看來都像是對某些事感到抓狂或憤怒，急著衝上場表現。」國民資深顧問諾爾（Randy Knorr）表示：「現在他則更放鬆，享受打球的樂趣。」而哈波本人也曾坦言上一軍後壓力驟增，幾乎每天一睜開眼便不斷想著要怎樣才能打得更好。

掙脱得失心束縛後，整季健康的哈波成績大爆發，在國民投打戰力意外失調下更獨力扛起球隊、走到最後。而想法的改變也讓他更融入團體，以往打得不好賽後立馬閃人的孤狼不再，取而代之的是經常參與團隊活動。而季末因跑

我也知道膝傷不適合滑壘，但是比賽時，往往就是短距離的衝殺，怎能夠控制？

～林威助

壘不夠積極，在休息室遭老將派柏本（Jonathan Papelbon）鎖喉的肢體衝突雖然錯不在己，為球隊和諧卻仍主動求和的勇氣更隱然展現領袖風範。

終於兌現潛力的精采一季結束後，哈波毫無意外笑納年度最有價值球員獎，成為史上最年輕獲得全票通過的得獎者。受訪時除感謝家人支持、球迷鼓勵、球團給予機會和投票者垂青外也表示：「從春訓開始，我想的就是維持健康、每天能上場，如果能做到，（我相信）就能拿下這座大獎。」

言談中自信不減，卻也不忘謙遜的哈波，才正要邁開腳步、朝遠大夢想啟程。（正義鷹大俠）

堅持，永不放棄的棒球狂熱

當每個人都認為我要結束了，我就更想要證明我才剛要開始。

王建民

棒球驚嘆句2

Baseball Quotes 2

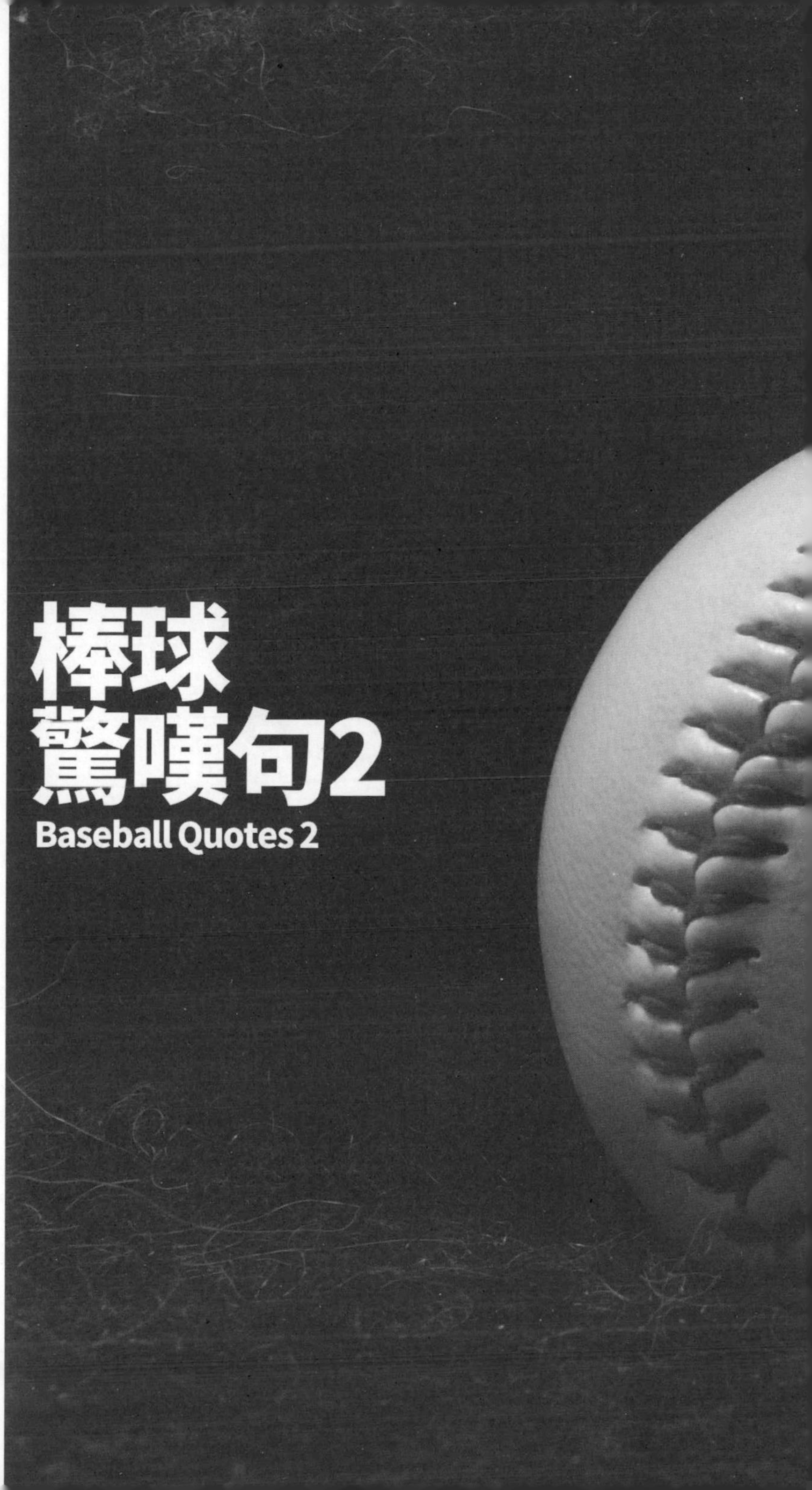

當每個人都認為我要結束了，我就更想要證明
我才剛要開始。

王建民

王建民

台灣人對大聯盟的代名詞。曾經在紐約洋基隊連續兩年拿下單季十九勝，引領數年的「王建民熱潮」，隨後因為腳傷與肩傷開始沉寂，流浪各隊數年後，二〇一六上演不死鳥戲碼，在堪薩斯皇家隊重返大聯盟，並且待滿整季，繼續鼓舞著台灣球迷與年輕球員勇於挑戰夢想。

二○○八年球季，王建民經歷了從天堂跌落地獄的一刻，在對太空人之戰跑壘時扭傷了腳踝，讓他從此一路因傷走走停停，數年間陸續經歷了大大小小的傷勢，從連續兩年十九勝的洋基巨投，變成浮沉於大、小聯盟之間，顛沛流離的棒球浪人，也讓台灣球迷的心靈頓失所依。

對他人生影響最鉅的，是二○○九年時的肩關節囊韌帶撕裂的複雜傷勢，這也是起因於前一年腳踝受傷後，造成下盤力量不足，導致過度使用肩膀力量所造成，接下來的幾年，王建民都在與漫長的復健搏鬥著。

二○一二年離開國民後，他就再也無法穩定地留在大聯盟，他甚至回到洋基小聯盟去等待機會，再來經歷了藍鳥、紅人、白襪、勇士、水手，從東岸到西岸，再從美聯到國聯都走了一遭，卻再也找不到一個能長期落腳的地方，肩傷帶來的後遺症太多，包括球速下降、投球動作不穩定、招牌的伸卡球尾勁不再等等，都是讓他無法再獲得大聯盟青睞的原因。

「我知道可能無法回到過去最好的狀態，所以我試著做些改變，看能不能找到新的方向。」王建民過去光靠伸卡球就能搞定整場比賽，加上球速可以飆上九五英里，自然不用想太多配球上的問題，捕手也樂得輕鬆，但在伸卡球質量不

從我十歲開始穿球衣打球，我就告訴我自己有機會絕不放棄。

～「徐總」徐生明

穩定的情況下，他開始搭配更高比例的滑球、曲球、變速球等，希望能透過形態的改變，讓自己有更多元化的武器來應付比賽。

很可惜地，他沒有如願的轉型成功，現實就是，其他球路很難取代伸卡球，加上球速跌到九十英里之下，很難掩護其他球路出擊，就這樣，王建民不再是那個叱咤紐約的天之驕子，連後來對他寄予厚望，希望他能夠克服傷勢重新出發的華盛頓國民隊也放棄他，二〇一二年球季結束後就不再與他續約，大聯盟生涯岌岌可危。

在接下來的日子，由於已經三十三歲，按照棒球球員週期，他已經過了巔峰期，正要開始走下坡，看起來找回過往身手的機率已經非常渺茫，中華職棒聲聲呼喚他回來當救世主，台灣球團競相開出高價，希望藉他的高名氣與高人氣來創造新話題，並且帶來球迷與票房，但王建民自赴美開始，從小聯盟算起已經在美國十幾年，早已落地生根，加上沒有畫下一個完美句點，心裡始終很遺憾，他決定再給自己另外一次機會。

「我沒有想過要回台灣的事，我會想辦法在這裡投到不能投為止。」王建民堅持留在美國，經紀公司也努力幫他尋找機會，不過因為傷勢問題，加上先前的國民隊投資形同失敗，沒有球隊敢再把籌碼押在他身上，接下來的幾年，他都只能拿到小聯盟合約，二〇一五年整年都在小聯盟巴士的長程移動中渡過，這下子，「王建民不行了」、「早該回台灣了」的耳語與冷嘲熱諷四起，甚至有人質疑他，是不是只是想湊滿十年的大聯盟年資，好在退休時能領到高額退休金。

事實上，他只是不服輸而已。

被問到到底在堅持什麼，到底為什麼不願意在還有剩餘價值的時候打打中華職棒，王建民給的答案很明確。

「當每個人都認為我要結束了，我就更想要證明我才剛要開始。」他說。

那時候的他正要結束二〇一五年球季，坐在西雅圖水手3A主場的休息室裡，他一邊打包行李，準備回到自己位於佛羅里達州的家中，心裡想的，不是這一年已經結束了，而是下一個球季，自己要怎麼重新開始，要怎麼樣才能重回大聯盟。

因緣際會下，他得知德州有個名叫「棒球農場」的地方，主打的特色就是能幫助受傷的球員重建投球機制，在這套理論中，如果投手能夠把投球動作從頭到腳配合到最完美的程度，就有機會找回巔峰時期的球速，甚至還可能更好。

我跟自己說不能放棄，熬過就是我的了，還好最後我撐過來了。

～黃欽智

而且非常碰巧的是，這個機構正好在佛州有分部，距離王建民的家只有四十分鐘車程，因此在十一月中時，他就與這個訓練團隊碰面，確認對方可能對自己會有所幫助之後，就開始制定訓練計劃，希望在十二周的時間裡，能夠解決困擾自己多年的問題。

在不到三個月裡，王建民完全信任這個團隊，任他們從頭到腳改造自己，過去影響他甚鉅，投球動作不穩定的問題慢慢解決了，就在大聯盟春訓開訓日之前，他飆出了九十四英里的快速球，這是令王建民非常驚喜的結果。

在這時候，王建民仍以邀請名單的身份進入皇家隊春訓營，加上已經「高齡」三十五，還是沒有人看好他，能在這看似機會渺茫的最後一搏中拿到機會，但王建民硬是跌破所有人眼鏡，在熱身賽中把球速推進到九十五英里，過去被質疑因為肩膀傷導致需要長時間熱身，因此無法擔任隨時得上場的後援投手角色，也因為一次次精彩後援而化解了疑慮。

在春訓還沒有結束時，他就已經獲得美國媒體的推崇，認為他一定能擠進開季的二十五人名單，果然在正式球季開打的前幾天，王建民接到通知，二〇一六年將從大聯盟出發，「王建民奇蹟」的新一頁正式展開。

接下來，他也粉碎了很多人對他「一定撐不久」的猜測，雖然中間一度碰到小低潮，但他還是及時回穩，不僅整季都留在大聯盟，甚至還拿下了六場勝投，也與其他牛棚投手合力連續守住四十一點一局無失分，創下大聯盟新紀錄，成為皇家隊與台灣球迷心中的年度大驚奇。

從來不設定終點在哪裡的王建民，沒有因為大家認為他「該結束了」而動搖自己的信心，相反的，他為自己的重新開始做了最全面的努力，也因為這樣，他得到了最甜美的報酬，而且他的勵志故事，還在持續之中，永遠都會有更新、更動人的章節。（鄭又嘉）

你不能害怕犯錯。沒有人能主宰或征服棒球，你只能挑戰它。

～名人堂左外野手布洛克（Lou Brock）

不管你打了多少年，都要永遠保持著當新人時的那顆心。

石志偉

石志偉

台灣棒壇少數鄒族出身的球員，木訥誠懇、潔身自愛的個性是他最受球迷喜愛的地方，新人年意外擊敗林智勝拿下新人王，至今仍是一段佳話，並在當年La new熊「黑熊」事件中沒有牽涉其中，是當時熊隊少數全身而退的球員，退休後轉任球探、教練。

如果中華職棒要選一個模範生，那麼「小頭」石志偉絕對能排進前三名，他擁有故鄉阿里山神木的堅毅，即便沒有最好的先天條件，卻能靠著自身的拚勁與努力，在職棒打出一片天，即便現在身份轉換，不變的卻是他永遠不忘初衷的心。

由於早年中職放水事件頻傳，導致常常出現要「收攤」的傳聞，讓石志偉對職棒一直存有疑慮，導致他的職棒之路開始得很晚，一直到他二十七歲時，當時的La new熊隊老闆劉保佑親自出面與他晤談，這才讓石志偉點頭，以二〇〇四年季初選秀狀元之姿加盟。

石志偉沒有出色的長打能力，並不符合角落野手（一、三壘）的特性，但石志偉用他獨特的魅力，解除了大家的刻板印象，而最能代表這個魅力的字就是「拚」，他不放過每次上場機會，就算受傷，也會用最快的時間回到場上，當時的隊友林智勝曾說：「有一次在練球的時候，小頭被球打到，當場痛得倒在地上，大家想說他應該得回去休養了，結果才不到五分鐘，已經看到他在傳接球了，整個人好像沒事一樣。」

石志偉並不是不痛，他只是不想浪費時間在休息上面，所以簡單包紮冰敷

棒球激似人生，強襲飛球被接殺、軟弱飛球卻變成安打，這是個不公平的遊戲。

～生涯三個球季均擔任工具人、初登大聯盟就隨大都會隊歷經單季120敗球季的卡尼爾（Rod Kanehl）

後，他就又回到球場內，他的第一個球季不僅打滿一百場比賽，更有全聯盟最高的四百零九個打數，二成八六打擊率、四十五分打點與僅僅一轟的成績，看來只是中上，比起只打半季就創下鬼神般成績的林智勝差了一截，但他的鬥志以及在場內激勵隊友的價值實在太難抹滅，因此就連林智勝都呼籲媒體，把新人王的票投給石志偉，「如果不是他激勵我，我不會有這樣的成績。」林智勝說。

果然，石志偉以些微差距擊敗林智勝，成了他自己口中「最老的新人王」，在接下來的幾年，他也沒有辜負林智勝當時的「讓賢」，連續六年繳出單季至少一百安的成績，讓「勝石傳說」這個組合的名號盛極一時，也成為隊上最有人氣的球星之一。

儘管小頭努力不懈，但他最擔心的事情還是發生了，二〇〇九年職棒再度爆發大規模的簽賭案件，不少這些年與他一起奮戰的隊友們紛紛淪陷，有超過十名熊隊球員遭到起訴開除，讓他一度對自己當初捨棄業餘進軍職棒的決定感到質疑，也從這時候開始，年紀加上他身上累積的大小傷勢開始發酵，二〇一〇年他出賽數銳減為四十二場，雖然接下來的兩年還是打出不錯的成績，但他自己知道，身體已經快到極限，年輕球員也不斷地冒出頭來，熟悉的紅土，已經不再是他的戰場了，但他還是每天照常練習，沒有一絲鬆懈。

「不管你打了多少年，都要永遠保持著當新人時的那顆心。」石志偉一直是這麼想的，儘管生涯已經走到盡頭，他還是把自己當成新人一樣，每天苦練、學習，然後完美執行球隊給他的每一個任務。

二〇一四年球季結束後，他決定退休，在盛大的引退儀式上，老戰友林智勝抱著他哭紅了雙眼，在這個時候他心裡想著的，不是這個階段結束有多感傷，而是下一站出發的時候，自己會是什麼角色，但就像他的那句話，只要把自己當作新人，就不會有什麼適應上的問題。

球團賦予他的新工作，不是他期待的教練職，而是需要專業技術的球探，讓小頭一開始有些抗拒，但跟著球團專職球探學習了一段時間後，開始產生了興趣，也得到了新的體悟。

在很多人的觀點中，球探一定要是球員出身，才能看出球員之間細微的差別，但小頭卻發現，非球員出身的球探，反而可以看到球員的另一面，「現在是一個數據的時代，很多東西都是騙不了人的，而且球員當久了，看人容易有盲點，這樣反而讓我學到，要脫離自己的刻板印象，才會挖掘到璞玉。」小頭說。

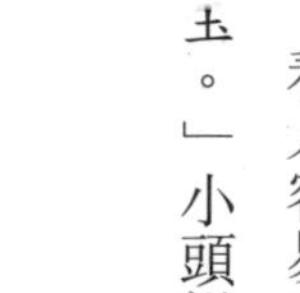

每一位球員的表現，老天爺都在看，用真誠的心去打球，老天爺自然就會幫助你。

～王貞治

就這樣，他從在晚上出賽的職棒球員，變成白天戴著太陽眼鏡，手上拿著測速槍與碼表，坐在本壘後面做筆記的球探，足跡踏遍全台任何有三級棒球的城市與球場，回到飯店後再把球場裡的記錄輸入電腦化成數據，然後反覆檢視拍攝到的球員動作，發揮自己的棒球專長去分析，然後做成報告呈給球團，作為選秀的依據。

雖然是個全新的領域，但小頭學得很快，不到一年的時間，他已經可以出師，在二〇一五年選秀會上，他也展示出勤跑基層觀察球員的成果，這年桃猿的球探團隊有精彩演出，首輪補進了超級打者王柏融，第二輪又拿到頂級的游擊手林承飛，又在後面順位選到朱育賢、陽耀勳等強打者，讓桃猿獲得大進補，完全填補了二〇一六年林智勝離隊後所留下來的火力空缺。

不過小頭心裡還是有個教練夢，因為在做球探的這一年中，他看到了許多基層球員在觀念與訓練上的不足，但礙於自己球探的身份，不便出手指導，但他總希望能把這些年來的經驗，傳給更多年輕球員，因此在經過長考後，小頭決定忍痛離開待了十多年的老東家，接受中信兄弟的邀約，到二軍擔任助理打擊教練，開始培育年輕新秀。

擔任二軍教練的石志偉，每天在屏東春訓基地的大太陽下揮汗教球，跟年紀只有自己一半的球員們生活在一起，又讓他想起了當新人的那段日子，即使已經過了十幾年，他還是記得自己的初心，用新人那年全力拚戰的那種心情，把未完成的理想與成就寄託在這些年輕球員身上，用另一種方式圓夢。（鄭又嘉）

你相信自己，然後盡全力去做的時候，那個力量會很大。

～「台灣巨砲」陳金鋒

就算身體累了，只要心不累，你就能走得很遠

高建三

高建三

中職出賽數紀錄保持人，從中信鯨隊轉到統一獅隊後反而開啟職業生涯第二春，持續「逆齡」創下許多紀錄，被數個總教練形容為「老妖怪」，年過四十還能繼續在投手丘上有精彩演出。

被前統一獅總教練稱為「老妖怪」的高建三，是中華職棒史上的奇蹟之一，他在不懂得保護球員的業餘棒球環境中長大，進職棒後經歷了數次放水案、球隊解散、轉隊、受傷等等，大大小小的風波，但「阿三哥」卻總是屹立不搖，縱橫了中華職棒十八年，寫下了六百三十六場出賽，一百一十八次中繼成功的「高建三障礙」，近年來應該難有人能超越。

年輕時的高建三雖然身材不出色，卻是天才橫溢，憑藉過人的協調性，球速可以飆到將近一五〇公里，加上厚重的球質，很快就闖出名號，從青棒開始就是中華隊常客，一九九八年進職棒加入中信鯨隊後，也立刻成為球隊支柱，體力好、耐操是他的最大特色，二〇〇一年時還創下單季九場完投的紀錄，而且可以先發後援兩頭跑，堪稱功能性十足。

但當時的高建三擁有過人的天賦，卻也因此血氣方剛，「我記得那時候洋將外野手一直失誤，我當場在投手丘上轉過頭去對著他大罵。」高建三回憶著當年的年輕氣盛，也曾經因為年底談薪不順，當場上演「翻桌」的戲碼，嚇壞了球隊管理階層，這些畫面還歷歷在目，都無法跟現在滿臉笑容、慈眉善目的高建三劃上等號。

老將和菜鳥的差別在球衣，老將在乎胸前的隊名，菜鳥則是背後（自己）的名字。

～縱橫棒壇 19 年、曾獲 1974 年國聯 MVP 的明星捕手賈維（Steve Garvey）

「那時候仗著年輕有天分，覺得自己很了不起，做事情很容易衝動，但卻沒有想過，職棒不是比誰現在比較強，而是比誰打得比較久。」高建三直到被中信鯨釋出，職業生涯面臨結束的危機，他才終於感受到，要成為一個「長命」的職棒球員，自己還有太多要調整的地方，否則舞台可能會就此消失。

二〇〇八年來到統一獅時，自己已經三十五歲，當年的阿三已經成了「阿三哥」，以台灣職棒投手的平均壽命來說，幾乎已經到了盡頭，在合理的狀況下，高建三應該是在統一苟延殘喘個一兩年，然後氣力放盡，就此結束棒球生涯，在職棒史上，沒有留下什麼傲人的成績，但高建三決定，再怎麼樣，也都要在這裡留下一個深刻的印記。

他學著放下老將的身段，把自己當做一個新人，一有空就跟隊上的年輕球員交流，讓自己也隨時保持著一顆年輕的心，不順心的事情，他都以溝通的方式處理，磨掉了二十幾歲時的那層脾氣，身體管理上，他也早就戒掉年輕時貪杯的習慣，比賽期間幾乎滴酒不沾，甚至在球隊到台北比賽時，選擇「過家門而不入」，不回距離球場十幾分鐘車程的家裡過夜，只為配合球隊作息，讓自己保持在比賽的感覺。

他更加強體能訓練，甚至把分量加重到比年輕球員更多，重新重新建立起比過去更堅實的身、心，「新阿三哥」的輪廓慢慢浮現，他身段變得更柔軟，智慧與力量卻更強大。

加入獅隊的第一年，他不是大家預期的敗戰處理投手，反而成為牛棚最可靠的戰將，只要戰況危急，一定會看到他在場邊熱身待命，打破了所有人對他年齡與身手的質疑，隔年高建三繼續「凍齡」，威力再度進化，單季就出賽了六十六場，一度創下了中華職棒的單季出賽紀錄，而且還是以三十六歲的年紀達成，更顯得這個紀錄的珍貴。

高建三也是人，年紀也確實不可能不影響他，每年投完上半季，也都不免遇到體能的撞牆期，而導致表現下滑，但他始終提醒自己，身體的疲勞容易回復，但心理狀態一旦無法維持住，可能整個人就會崩塌，讓整個球季，甚至是整個棒球生涯陷入毀滅的危機當中，所以他除了繼續透過訓練，維持身體的能量之外，更重視的是維持心理層面的強大。

「就算身體累了，只要心不累，你就能走得很遠。」高建三說。

「就算身體很累的時候，我還是告訴自己，要享受比賽。」阿三哥所指的比

當你自以為瞭解棒球時，那就表示你不了解它。

～球壇語錄大師、前洋基鐵捕貝拉（Yogi Berra）

賽，包括成功與失敗，「表現好的時候開心，但輸球的時候我不會讓自己陷在情緒裡，去找到失敗的原因，比自責或沮喪更有意義。」他透過教練、隊友的眼睛來檢視與提醒自己，迅速地找出失敗的關鍵，然後透過自己豐富的經驗調整，讓低潮期很快就過去，所以他始終保持一顆不累的「心」，永遠知道自己不足，也永遠對勝利渴望。

在提醒自己「心不能累」千萬次之後，二〇一一、二〇一二連續兩年他都以高齡拿下中繼王，即使獅隊在這幾年當中總教練人選數度更迭，但阿三哥在牛棚的地位依舊穩固，只要球隊領先，在後段局數一定會看到他登板守成，他從中信鯨棄將，蛻變而成統一獅的勝利保證，而且屹立不搖好幾年。

就算沒有上場的時候，他也會在場邊觀察對手與場上的戰況，除了作為自己上場時的參考之外，他也會與隊友們分享心得，幫助年輕投手更快地解讀比賽，練球時他也不吝提點隊友，拿手的指叉球與卡特球的「心法」，這是他的另外一個價值。

時間一晃到了二〇一五年，這已經是阿三哥進入職棒的第十八個年頭，這時他已經四十二歲，是名副其實的「老妖怪」，儘管球速還能維持在一四〇公里左右，但維持整季的體能對他已是一大負擔，這個球季他只在一軍出賽十一場，是他打職棒以來最少的一年，因此球季結束後他與球團懇談，最後阿三哥決定為自己畫下一個美麗的句點，正式轉任二軍投手教練，用另一個形式繼續為棒球努力。

二〇一六年統一獅為高建三舉辦了了一個盛大的引退儀式，那天他流著淚說：「這麼多年來，我從來沒有放棄過。」即使已經轉換身份，即使身體已經疲累不堪，高建三還是保持健康的心態，用那顆不累的心，讓自己的棒球人生，永遠有著下一段的精彩。（鄭又嘉）

不管幾歲，總是得拿出實力才有機會。

～林威助

球員不可能不受傷，我能做的，是跟傷做朋友。

潘忠韋

潘忠韋

前La new球員，業餘時代即以優異的打擊能力崛起，過去在一壘守備時以「劈腿」絕技著稱，退休後一度轉任房屋仲介，後來以球評身份重返棒球圈，生動而內容豐富的講評風格，讓他深受球迷喜愛。

打從業餘時代，潘忠韋就一直都是個不平凡的人物，一九九九年亞錦賽時，中華隊秘密武器「阿甘」蔡仲南，以無名小卒之姿力抗松坂大輔的戲碼，到現在還深刻地刻在球迷的腦海中，蔡仲南也因為這場驚天一戰，引起日本職棒的高度興趣，在兩聯盟惡鬥的時代，最終以六百萬天價（至今仍是簽約金紀錄）加入中華職棒。

但很多人都忘了，在當時開放職業球員參賽的情況下，能以業餘球員身份入選，並且搶下先發一壘手的位置，表現也不輸職業球員的潘忠韋，是另一顆閃耀的明星，只是他選擇先進台灣大聯盟，導致注目度沒有那麼高，直到兩聯盟合併，他進入第一金剛隊時已經二十七歲。

潘忠韋最為人津津樂道的，就是他在一壘守備時的「劈腿」絕技，這個動作不僅可以縮短球進手套的時間，而且還能讓畫面更美觀，有時候很多看起來出局與安全上壘機率各半的球，就在他的美技「激勵」下，讓一壘審願意勇敢地舉起右手判出局，同時，潘忠韋在場上也是個拚命三郎，任何有機會守備的球，他都會全力讓它不穿過自己身邊，一場比賽下來，就看他左撲右撲，只為了守住對手的每一波攻勢。

沒什麼，只不過棒球生涯中又多一條傷疤而已。

～中華隊捕手高志綱遭韓國跑者釘鞋刮傷左小腿後說。

業餘時代火力兇猛的潘忠韋，在兩聯盟合併後也面臨一段調整期，他不斷地微調打擊動作，有一年甚至嘗試了類似王貞治的「金雞獨立」，在練習時，就看他每揮棒一次就跌倒一次，跌倒了，就爬起來拍拍身上的灰塵，然後盯著下一顆來球，再揮棒、再跌倒，在這每一次的跌倒中，傷勢一直累積著，到了一定程度就向他襲來，昔日的重砲手，開始變成一碰就碎的「玻璃娃娃」

其實潘忠韋傷的根源，來自於他的「扁平足」，由於足底不像一般人一樣有足弓，因此無法提供彈性或扭力，每踏一步，來自地面的反作用力無法被吸收，就像是車子少了避震器一樣，長期下來，支撐著全身體重的膝蓋，成了吸收所有災害的災難中心，臏骨軟化的症狀愈來愈嚴重，長期下來幾乎成為了永久性的損傷，讓潘忠韋只能打打停停，就算有時候狀況絕佳，但遇到膝傷發作，空有一身洪荒之力，也只能坐在場邊乾瞪眼。

再加上其他長期累積的包括肩膀、手肘、腰、背的大小傷，使潘忠韋逐漸無法穩定出賽，原本穩固的一壘守備位置也被迫讓了出來，一開始他試圖尋找各種能治癒的辦法，但無奈傷太多，一個地方快痊癒了，另一個地方又受傷，多年下來，他慢慢找到一個平衡的方式。

「我體會到那些傷不可能會好了，它會跟著我一輩子，所以我能做的，就是把它控制在可以接受的範圍。」潘忠韋說，「以前我把傷看成球員最大的敵人，但慢慢我知道球員不可能不受傷，我能做的，是學著跟傷做朋友。」

姑且不論是損友還是益友，不管自己喜不喜歡，潘忠韋清楚地知道，這個朋友永遠不會離開自己，如果不想讓它妨礙自己，最好的辦法就是去了解它，「我開始去了解受傷的原因，了解就算傷不會好，要如何不讓它更嚴重，也了解自己的極限，不再逞強，避免造成更嚴重的傷害。」就這樣，他學會不再自怨自艾，無法出賽的時候，他告訴自己，是身上的「好朋友」在提出警告，他坐在場邊，把上場打球的欲望，轉化成為隊友加油的動力，隊友打了全壘打，就好像是他自己開轟同等的開心。

二〇一〇年時，潘忠韋以三十四歲的年齡退休，比他預計的快了五到六年，因為他體認到自己的極限，沒有獲得球團留用的他，在短暫赴美進修後，轉往房仲業發展，對凡事積極的精神，讓潘忠韋很快地渡過了轉職的陣痛期，找到了另一片天，懂得「跟身體對話」的他，也開始問自己，想要的究竟是什麼，過去當球員時四處征戰，累積了高知名度與人氣，加上自己很有投資頭腦，因此賺進了

不管誰在大聯盟打球，都希望他們保持健康的狀態。

～郭泓志

不少財富，卻也因此喪失了許多珍貴的時光，特別是與家人的相處時間變少，一直讓他覺得遺憾。

比起打球，房仲這份工作收入並不差，但工作時間更長，假日通常得整天陪客戶看房子，同樣無法擁有跟家人共處的時光，特別是女兒還小，最需要的就是陪伴，因此儘管在房仲業開始做得有聲有色，最後他仍選擇再度轉換跑道，也婉拒了不少教練職的邀約，進入電視台擔任專職球評。

對表達能力一向很有問題的台灣球員來說，把棒球知識化作言語實在不是件容易的事，但潘忠韋不一樣，他發揮過去了解自己傷病的精神，花了更多心力去研究，平常擔任中職球評時，他一定提早一到兩個小時到達球場，花時間去跟教練、球員閒聊，然後把得到的資訊用在晚間的轉播上。

如果是播自己比較不熟悉的美國職棒，潘忠韋則會在前一晚做足功課，研究轉播對象的對戰記錄、數據、球員的個人檔案，搭配自己擅長的技術層面、戰術講解，讓整個講評毫無冷場且充滿知識性，加上過人的幽默感，很快就成為球迷心中最喜愛的球評之一，再次完美地完成了一次轉職，現在的他，已經是電視圈不可或缺的頂尖球評。

潘忠韋的棒球生涯並不算順遂，在傷勢的影響下，他沒有在職棒場上留下太多輝煌的紀錄，也沒有拿到令人咋舌的簽約金與月薪，不過他勇於面對自己、了解自己的態度，讓他這條另類的棒球路能走得更遠，甚至走出了一條更寬廣的路，在另一個位置繼續服務著球迷，這一路上他不斷跟自己對話，不但跟傷做了朋友，也跟自己做了朋友。（鄭又嘉）

有目標在前面，就不要去想受傷。

～王豐鑫

你要忍耐。

鄭達鴻

鄭達鴻

國內少見的攻擊型捕手，二〇一六年從義大轉投中信兄弟，成為中華職棒自由球員制度制定以來，第一批行使成功的球員之一，也因此突顯出這個制度對球員來說困難重重、並不公平，讓中職在輿論壓力下開始討論調整規定。

本名鄭志雄的鄭達鴻，人如其原名一樣樸實，但際遇卻不像新名字一樣飛黃騰達、鴻運當頭，他生涯成績並不差，卻經歷了兩次球隊轉賣，直到換了第三件球衣，才開始受到真正的肯定。

鄭達鴻的生涯從興農牛隊開始，當年的興農堪稱中職裡相當「特別」的球隊，舉凡制度、風格、管理階層的行事風格，與其他球隊都有相當程度的差別，例如季中、季末的單季兩次調薪、後期堅持純本土，不用洋將的政策，都讓興農在棒球圈裡獨樹一格，也引起很大的爭議。

鄭達鴻就在這樣的環境中進到職棒，業餘大部分時間守外野的他，進職棒後為了爭取的上場空間，也穿上面罩與護具，重拾過去的捕手技能，他除了具備不錯的打擊能力外，也因為長期在遼闊的外野馳騁，因此練出了不錯的腳程，「快腿捕手」成了他最大的賣點與特性。

二〇〇九年的鄭達鴻開始嶄露頭角，這年他繳出了高達三成五五的打擊率，所有數據幾乎都是生涯最佳，讓他拿下了中職年度進步獎，而隔年他更與劉芙豪的盜壘王之爭更讓人記憶猶新，因為他一直到球季最後一戰，還落後劉芙豪兩次，結果他在最後關頭，拚命演出兩次盜壘成功，經過比較成功率後，雖然兩人

棒球比賽是公平的。假如打得好，數據自然會替你發聲，毋須問人或耍手腕。

～四年內拿下三座賽揚獎後急流勇退的初代「神之左手」考法克斯（Sandy Koufax）

盜壘成功次數相同，但是成功率較高的鄭達鴻拿下盜壘王。

這個球季，他不僅打破中華職棒捕手的單季盜壘紀錄，而且一舉把數字從十五推進到三十一，樹立了難以跨越的障礙，同時竟然成為世界職棒史上，第一個以捕手身份拿到盜壘王的球員，這讓鄭達鴻除了長得像前大聯盟球星戴蒙（Johnny Damon）之外，再次受到了「國際認證」。

坐擁年度最佳捕手與盜壘王兩項大獎，並沒有換來興農牛對他的肯定，這一年牛隊以戰績不好、票房不佳為由，竟然要全隊球員負起責任，所有人不得加薪，但因為鄭達鴻表現太好，因此破例加薪一萬元，「拿到薪水條的時候，真的不知道該哭還是該笑，因為拚了一整年只加一萬，但是往好的地方想，全隊都扣薪，只有我一個人加薪，還能說什麼呢？」

得到球隊如此令人哭笑不得的「賞賜」，讓鄭達鴻有種努力沒有受肯定的感覺，畢竟自己已經連續兩年繳出高檔成績，卻沒有得到相應的待遇，沮喪的心情不難理解，這時候的他跟爸爸聊天，面對這樣的狀況，爸爸只給了他四個字。

「你要忍耐。」

「我爸跟我說，遇到不如意的事情，要忍耐，遇到低潮的時候，也要忍耐，那些都會過去的。」鄭達鴻說，年輕的自己難免衝動，遇到挫折容易喪氣，心情會隨著這些波折而起伏，鄭爸爸擔心兒子挺不住壓力，因此總是耳提面命地告訴他，要忍耐，能忍的人，會走得更久。

鄭達鴻當時沒能完全明白爸爸的話，但天生凡事不爭的個性，配上興農這個奇特的環境，的確讓他很習慣地忍耐下去，他在等著自己被看見、被肯定的一天，在這之前，自己能做的就是繼續拚命練習、繼續繳出好成績，他在外野、捕手兩邊跑，從來不抱怨位置固不固定、機會多或少。

果然，他忍出了名堂來，在義大接手了興農後，他繼續成為球隊的主戰捕手，三年的複數年約中，幾乎所有球隊要求的條件都達成了，也入選了經典賽國手，完美的結束這張合約，也吸引了其他球隊的目光。

二〇一五年球季結束，鄭達鴻再度拿到年度最佳捕手的獎項，這時的他正好也拿到了自由球員資格，而在該年的總冠軍戰中，中信兄弟與Lamigo廝殺到第七戰，最後敗在主戰捕手陳家駒受傷無法上場，球隊喪失指揮塔而軍心大亂，最後拱手讓出王座，讓象隊決心出手競逐鄭達鴻。

在天時地利人和的情況下，鄭達鴻行使了自由球員權利，經過了幾個月的洽

人只要維持健康就能夠無所不能，但這恐怕只有神才辦得到。假使我沒病沒痛，連神都得聽我的！

～被喻為「神之右手」的馬丁尼茲（Pedro Martínez）

談，雖然母隊義大也積極全力留人，但象隊極具誠意地開出了三年合約，總額最高達到二〇一六萬，第三年月薪可以衝破五十萬的條件下，鄭達鴻決定再給自己一次新的挑戰，新球季將改穿黃衫，成為象隊的一員，這個決定充滿了歷史意義，因為他與林智勝一起，成為了中職史上頭兩位行使自由球員權利，然後真的成功轉隊的球員。

到象隊的第一年，鄭達鴻沒有像其他人一樣，在極端的打擊年中繳出瘋狂的打擊數據，在第一個月打出超過四成的打擊率後，有點疲累的他陷入了職棒生涯中的最大低潮，不僅打擊率一路下滑，甚至全壘打還一路掛零，讓他飽受象迷批評，心情也盪到了谷底。

這時候，鄭達鴻想到了爸爸的話，爸爸在二〇一四年離開人世後，再也無法親自叮嚀著「你要忍耐」了，但這句話卻一直不知不覺地藏在心底，他靜下心來，回顧這看似失敗的一年，但其實，自己雖然沒有在打擊上有所表現，在守備、指揮戰局上，還是無形地影響了球隊，穩定了軍心，兄弟拿下上半季冠軍，鄭達鴻也是幕後英雄。

在球季的最後一個月，鄭達鴻調整好心情重新讓自己找回季初的感覺，「最可怕的第八棒」歸位，安打的射程也開始拉遠，「這時候我體會到爸爸的話了，就是在面對所有困境的時候，一定不能急躁，忍耐會讓你渡過這一切。」鄭達鴻說。

鄭達鴻從來就不是球場上最亮眼的那顆星，但他用自己的忍耐哲學，堅毅地在球員生涯的後段，還是得到了高度的肯定，他不會忘記爸爸的話，每當遇到困難的時候，他總會抬頭望望天空，就會感覺到遠處的爸爸，還是不斷地在告訴著他那句「你要忍耐」。（鄭又嘉）

棒球之神永遠有辦法為祂喜歡的球員找到出路。

～多倫多藍鳥隊總經理吉本斯（John Gibbons）

在這裡，我看不見未來。

林益全

林益全

中華職棒的代表性人物之一，全方位的攻擊能力是他的註冊商標，生涯拿下三座單季最有價值球員，以及不計其數的打擊獎項，經歷了興農、義大、富邦的球隊不斷易主，仍能每年保持穩定成績與健康，可說十分難得。

當你看不見未來的時候，你會轉身就走，還是硬著頭皮向前？林益全的選擇是，他替自己創造一個未來。

從業餘時代，林益全早就藏不住他的超級身手，還沒進職棒，就已經被認為將會是高懸一堆打擊紀錄的頂尖打者，因此各隊早就展開積極部署，想盡辦法私下與他接觸，希望能用各種方法迎來這位強打者。

林益全老家在高雄，從國小開始卻都在台南發展，三級棒球大約十年的時間，全在台南養成，也讓他對以台南為大本營的統一獅隊有特別的感情，而獅隊也對他有高度的興趣，但即使雙方「情投意合」，還是得受限於選秀制度，統一獅在林益全符合選秀資格的那一年，竟然拿了冠軍，選秀順位排在最後一個，也等於宣告雙方無緣，就這樣，林益全在毫無意外的情況下，被年度墊底的興農牛隊選進，成為了二〇〇七年的選秀狀元。

但是那時候，他卻成了最不快樂的狀元，因為就在他要結束代訓生涯，可以正式投身職棒的時候，中職爆發了可怕的「黑米事件」，米迪亞暴龍幾乎整隊淪陷，其他隊也有球員涉入，其中不乏林益全的舊識，以及過去曾經一起在棒球路上打拚，誓言一起開創未來的戰友，讓原本就對未來迷惑的他，心裡更困惑了。

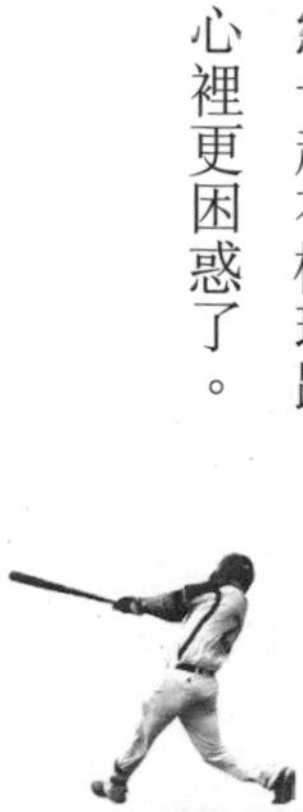

棒球是為了孩子們而誕生，大人們只會把它搞砸。

～生涯奪下 207 勝、以老好人性格著稱的名人堂強投雷蒙（Bob Lemon）

「從以代訓身份被選進來的時候，就已經做好不打職棒的準備，我想要的是安定感，想要留在能讓我安心發揮的地方。」林益全說，看到當時中職的烏煙瘴氣，各隊為了收拾殘局而忙得焦頭爛額，讓他心裡也涼了半截，儘管有一身好武藝，但這裡會不會是自己能大展拳腳的地方？會不會打個幾年，這個環境就毀了？林益全一直問著自己這些問題，中職的環境不斷惡化中，興農牛又是支行事風格非常「特別」的球隊，這些因素都很難讓人放心。

「在這裡，我看不到未來。」

就在退伍之前，某天賽前林益全望著中外野的全壘打牆，說出了這句話，完全可以聽出他對現況的失落與無力感，這個被牛隊總教練劉榮華評為「會在歷史上留名」的男人，還沒找到那個能把自己載入史冊的機會，他心裡只能想著，如果不打職棒，能往哪裡去。

「那時候原本的選擇是去台電，那邊薪水雖然比職棒低很多，但是卻是個一輩子的鐵飯碗，就算有天從球員身份退下來，還是能在台電上班。」林益全把這個安穩的選項放在第一位，因為自己實在無法接受，就算進職棒拿了高薪，卻得隨時面對失業的不確定感，如果註定有一天職棒會倒，那還不如早一步到業餘卡位，他是這麼想的。

但對球隊來說，失去了狀元是何等嚴重的事情，興農無法承受這個損失，因此他們傾巢而出，領隊、教練分頭到林益全家中遊說，用人情攻勢全面轟炸林益全與他的雙親，終於讓林益全的態度有點鬆動。

「一方面感受到球隊很有誠意，一方面自己也往另一個方向想，想給自己一個機會，希望能留下一些什麼東西。」不再望向全壘打牆之外那個未知的世界，林益全只能相信，只要自己再更努力一點，也許能夠在這黑暗之中，點亮一點小小的火花，讓死寂的夜空看到一點希望，他後來接受興農開出的五百萬元簽約金條件，在當時，這已經是中華職棒野手的最高紀錄。

在興農的第一年，林益全就沒有讓期待他多年的所有人失望，不僅一百二十場比賽全勤，還狂掃一百一十三分打點拿下打點王，更成為中華職棒史上第一位同時包辦新人王與年度最有價值球員的野手（曹竣揚、林恩宇皆曾以投手身份獲獎），果然用最快的速度，毫不拖泥帶水地在歷史上留名。

從新人年開始，林益全單季出賽數從來沒有低於一百場過，在八個球季中，有七年打擊率超過三成三，二〇一五年他更寫下了單季一百二十六分打點的歷史

棒球是沒有音樂的芭蕾舞、沒有對白的戲劇、沒有花車裝飾的嘉年華會。

～史上唯一和球員一同被交易轉隊的名播報員哈維爾（Ernie Harwell）

紀錄，才僅僅三十出頭的他，已經開始樹立一些未來很難打破的障礙。

也因為林益全等頂尖球員的陸續加入與長期努力，中職的實力獲得大幅提升，當年對中職失去信任的球迷也慢慢回流，環境愈來愈好，讓球團願意投入更多資源經營，為後來加入的球員鋪好了路，終於，他當年的五百萬野手簽約金紀錄，在二〇一六年被蘇智傑與申皓瑋雙雙打破，其中業餘強打蘇智傑更把紀錄一口氣推進到了五百六十萬。

有人為林益全抱屈，認為他當年加盟時應該有機會再多拿一點，但他卻看得很開，甚至認為這是好事一樁，「紀錄本來就是要被破的，而且有人拿到更好的條件，代表這個環境更好了，也代表有更多好球員願意加入，這對整個大環境都很有幫助。」他甚至希望，未來幾年有人再拿到六百萬、七百萬的天價，讓自己當年的價碼排名消失在歲月裡的洪流裡，也無所謂，因為如果有這一天，代表這個產業已經興盛到一種程度了。

對林益全來說，簽約金只是代表球團肯定你的其中一種方式，二〇一三年他與義大簽下三年兩千四百萬的合約時，也被認為是天價，而且冷眼嘲諷他「貪心」的也大有人在，更有不少人認為他在簽了大約後就會安逸下來，成績會大幅下滑，但那三年林益全每年都繳出頂級成績，讓所有質疑他的聲浪全部閉嘴，現在再回頭看，那三年完全是「超值」的演出，也讓他在二〇一六年結束時，以六十五萬的月薪，成為中職該年身價最高的球員。

回想起那段差點拒絕職棒的歲月，那種感覺在林益全的心中依舊深刻，如果他沒有勇敢推開這扇門，就不會有今天的身價與成就，這些年下來他體會到了，人生沒有看不見的未來，因為未來其實就握在自己手上。（鄭又嘉）

賣一個設計失敗的商品給顧客並不違法，芝加哥小熊每年都這麼幹，何時見過他們被丟進大牢裡？

～光緒年間迄今一冠難求的小熊，就連金融圈發生連動債風暴時，都不免被政治脫口秀主持人寇柏特（Stephen Colbert）拿來奚落一番。

每個人心中都藏著一個小偷，他會偷走你的夢想。

陳傑憲

陳傑憲

因為長相酷似藝人吳奇隆，而有「高雄吳奇隆」之稱，高中時代赴日留學，因而訓練出優異的語言與應對能力，二〇一五年的21U世界盃棒球賽，他的好表現幫助中華隊奪冠而開始受到矚目，二〇一六年參加中華職棒選秀，被統一獅隊在第二輪第一順位選進。

陳傑憲的棒球人生，很特別也很有趣，從小在高雄長大的他，雖然在球隊裡的成績一直不差，卻始終不太起眼，也一直沒有打出代表作，就這樣一直困在家鄉高雄裡，後來考取了在地的三民高中後，人生才開始有了不一樣的展開。

在因緣際會，長輩牽線之下，讓他與哥哥陳品宏遠渡重洋，來到了日本岡山縣的共生高校，這間學校很特別，他們專收來自台灣的優秀球員，以打進甲子園為目標，包括目前在西武獅一軍的吳念庭、目前中華培訓隊的廖任磊等人，都是從共生發跡。

共生是個非常特別的地方，雖然有很多台灣學生球員，但還是以日本人為主體，訓練與教學方式也是純日式的「武士道」精神，只要被教練認為練習或比賽態度不佳，罰站、罰跑都是家常便飯，對台灣球員來說，不會日文是最頭痛的問題，常因為聽不懂教練的指令而受罰，委屈加上思鄉之苦，讓他們常常在半夜躲在棉被裡偷哭。

就在這樣陌生的環境裡，陳傑憲脫離了從小生長的舒適圈，因為凡事都只能靠自己，讓他培養出了獨立自主、凡事不依賴別人的個性，也讓他知道在現實棒球環境裡競爭的殘酷，在這三年間，陳傑憲把體能、技術都向上提升了不少，日

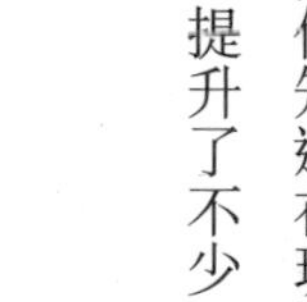

球場的熱狗堡，勝過麗池飯店的高檔牛排。

～1952年奧斯卡影帝亨佛萊鮑嘉（Humphrey Bogart）

文能力當然也突飛猛進。

所有日本高中球員的夢想，就是能進入高校野球聖殿——甲子園球場比賽，這是共生教練球員上下一心的目標，陳傑憲也是，在高二那年，他在岡山地區的比賽中大放異彩，打點、打擊率幾乎都是全隊最高，但共生依舊在預賽中敗下陣來，在陳傑憲畢業前，他們還是沒有踏進甲子園，把內野的紅土混著眼淚收進口袋裡，那個夢想，只能放在心裡。

畢業的陳傑憲向日本高校野球聯盟遞交了申請書，參加了日本職棒選秀，但由於共生並沒有打出好成績，也讓陳傑憲的能見度相對低了不少，因此他並未獲得青睞，只能遺憾地打包行李回台灣。

這趟「野球留學」雖然收穫滿行囊，卻沒有為他換來換來機會與知名度，他回到家鄉高雄，加入了台灣電力棒球隊，每次的業餘聯賽幾乎都有出色的表現，但一樣都沒有被看到，只能繼續當個很不錯的業餘球員。「我就只有這樣嗎？」這個疑問每天都在陳傑憲心裡反覆出現，他知道自己的能耐不只如此，唯一能做的，就是讓自己更好，然後耐心等待機會出現。

終於，他被中華隊教練團看見了，二〇一四年他入選了仁川亞運的培訓隊，雖然最後沒有獲得正取，但起碼已經獲得初步肯定；同年，他進入了荷蘭港口盃的國家隊名單，還入選了21U世界盃國手，這個比賽大大地改變了他的棒球生涯。

「從21U開始，我終於感受到自己被關注了。」陳傑憲說，這個比賽在台灣進行，中華隊集結了所有業餘棒壇菁英，最終把冠軍留在台灣，守備位置以外野為主的陳傑憲，被教練團調去能見度最高的游擊防區，而他完全不辱使命，以出色的攻、守，加上自己出色的外型，瞬間成為該屆比賽討論度最高的球員之一。

比賽結束，一如預期地，陳傑憲變成了扎扎實實的一線球員，同時讓他面臨抉擇的是，下一步該怎麼走，因為21U的隊友們，很多都投入了中華職棒選秀，身邊很多人也不斷勸進，同時，台電也開出了正職工作的缺給他，雖然待遇不高，但等於是拿到一張能保障終生的鐵飯碗。

該進職棒挑戰可能會大放異彩的未來，或是選擇一份一輩子安穩的工作，讓陳傑憲陷入天人交戰中，「那時候自己的確體會到成名的感覺，但也很怕這只是一時的，職棒只有四隊，球員實力都是一時之選，更會擔心自己很快被淘汰。」

緩慢的思考者也是棒球比賽的一部份，其中有些人能將球轟得老遠。

～打而優則教、世界冠軍名教頭達克（Alvin Dark）點出棒球賽的特質不只機敏迅捷。

在對自己還缺乏自信的情況下，陳傑憲決定暫時不投入職棒，在接下來的一年中，他仍然留在台電，並且在甲組的冬季巡迴賽中拿下打擊王，並且在每個業餘比賽中都維持高水準的表現，看著這些得來不易的成績，他心中卻覺得還少了些什麼。

打開電視，當時的老戰友們已經都在職棒場上繳出好成績，剩下的，大部份也報名了二〇一六年的選秀，陳傑憲不止一次問自己，到底想要什麼，「我記得第二年打業餘比賽的時候，看台上都沒有觀眾，感覺自己打得再怎麼好，也就是這樣而已。」少了那份對比賽的熱情，是最可怕的事情，因為熱情只會隨著年紀而消逝，到最後，自己可能對棒球無感，徹底變成一個公務員。

就在中職選秀報名截止的前幾個星期，陳傑憲有天看了一支網路影片，裡面一段話觸動了他的心。

「每個人心中都藏著一個小偷，他會偷走你的夢想。」

這個小偷對他來說，是時間，也是心中缺乏的那塊自信，陳傑憲懂了，如果錯過這一次，自己可能就永遠無法再有勇氣踏出這一步，他告訴自己：「別讓小偷把我的夢想偷走了。」隨即辭去了台電的工作，報名了中華職棒選秀。

很快地，陳傑憲證明了自己的選擇並沒有錯，他在二〇一六年的選秀會上，被統一獅隊在第二輪第一順位選進，在二軍調整僅僅一星期，就升上一軍，內、外野全能的他成為獅隊調度上的活棋，出色的腳程與打擊能力，也讓他立即搶下一席先發位置，也成了這年討論度最高的新人之一。

就這麼一念之差，陳傑憲差點就要被小偷偷走夢想，然後錯過這次機會，把才華埋沒，未來他已經懂得，永遠要勇敢踏出害怕的那一步，勇敢面對覺得不可能的挑戰，那個小偷，就偷不走任何東西了。（鄭又嘉）

打棒球好比開車，得安全回家（「家」意同本壘）才算數。

～帶領道奇 21 年，贏得近 1600 場比賽、2 座世界冠軍的傳奇教頭拉索達（Tommy Lasorda）。

要打棒球，只需擁有一顆球、一支球棒、一只手套，和一個小男孩的想像力。

瑞基（Branch Rickey）

瑞基

擔任道奇總管期間簽下「傳奇四十二號」羅賓遜（Jackie Robinson）並將之拉上大聯盟、推倒球界逾一甲子的黑白種族藩籬，因而躍身史上傳誦度最高的球團高層。除了是種族融合里程碑推手，現今球界採行的小聯盟農場養成制度亦出自其手，深刻影響美國的社會和棒壇。

不久前，羅賓遜只是個屈居黑人聯盟的新秀，因此，眼前的傳奇人物瑞基彷彿有股超現實感。但再怎麼不真實，都比不上他竟脫口道：「我要你加入我們小聯盟球隊，若表現不錯，我會試著把你帶回來。」

「啊？」身處美國最保守、全面封殺黑人球員的大聯盟球隊辦公室，羅賓遜不禁一陣疑惑。

不待回復，滿臉福泰、眉尾竄出雜毛的瑞基便表示將給予高薪：「但問題是，你得控制好脾氣。」

「我的脾氣？」羅賓遜眼裡問號更大了。

「是啊，黑人打大聯盟，你能想像人們的反應嗎？」悶哼一聲，瑞基逐漸加大聲量：「客場比賽後累得像條狗，想住飯店遭拒；隨隊進餐廳不給點菜，只得到刻薄奚落時，你會怎麼做？幹上一架、毀了我的計畫？！倒是說說看啊，你這黑鬼！」

步步進逼下，羅賓遜強壓怒火，語氣中卻可聞忿恨與輕視，不難猜測到已打算回絕：「你是說，你要個沒種反擊的球員？」

眼見羅賓遜沒失控，瑞基先是放緩表情、滿意地笑開，銀框眼鏡後方隨即閃

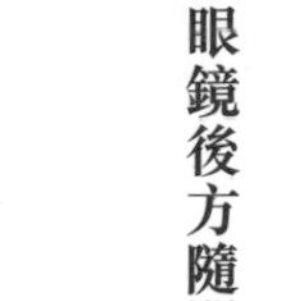

季節只有兩種，冬季和棒球季。

～超愛棒球的球團經營鬼才維克（Bill Veeck）形容他的一年當中只有球季和非球季的區別。

過智慧之光：

「不，我要的是個有種不反抗的球員。」

前述段落，描繪的是二〇一三年電影「傳奇四十二號」片段。而瑞基在劇中善於激勵、洞悉羅賓遜忍辱負重特質的真知灼見，以及推動種族平權的功績，也正是世人對他的印象。殊不知遠在成就不朽前，他不過是個不得志的替補球員、流浪教師和落魄律師；唯一擁有的，是對棒球無盡的熱忱和夢想……

瑞基出生於小康之家，國小畢業便得幹農活幫助家計，所幸遇到好老師，一路助他自學到足以在小學教課，非但藉此存錢上大學，日後博學多識的能耐亦奠基於此。

進大學後，他靠著參加半職業聯盟兼顧興趣並賺取學費，憑著捕手綜觀全場的機敏特質，很快便身兼校隊教練，還獲得小聯盟邀約。畢業不久，他的合約被紅人隊買斷，展開夢寐以求的職業生涯。

孰料還沒上到大聯盟，篤信基督教的瑞基便因週日固定要作禮拜、拒絕出賽而惹惱紅人教頭凱利（Joe Kelley，當時兼任教頭的凱利球涯累積兩千兩百二十支安打、四百四十三盜，於一九七一年入選棒球名人堂。）季後只得重操舊業、回大學打零工教球。隔年雖又被白襪看上，卻一場比賽都沒打就被轉賣到聖路易棕人隊（金鶯隊前身）。菜鳥年終於盼到上場機會，偏偏又為了照顧生病的母親只出賽一場。

隔年，瑞基打出生涯最佳的兩成八四打擊率，八月份還單場擊出雙響砲。饒是如此，當年出賽也不過六十五場，季末傷了肩膀後再成浪人，輾轉被交易到洋基。直到一九〇六年新球季開打，他的傷始終沒好，打擊率狂跌不說，更曾一場球就被跑者狂盜十三次壘，難堪紀錄迄今仍無人超越。據傳到了球賽後段他索性不抓盜壘，短暫球涯似乎也隨該役宣告放棄。

步出球場後，瑞基返校攻讀法學院，已婚的他讀書之餘做過各種工作養家，除善用好頭腦在系上兼課；執教大學棒球、美足和籃球校隊；在基督教青年會（YMCA）擔任秘書、輔選總統大選，甚至投身宣導禁酒的社會運動。或許是蠟燭多頭燒，兩年後竟罹患了當時仍屬重症的結核病。行過鬼門關後，瑞基決定先唸完書、取得律師資格，奈何開業兩年只接了一名客戶。

所幸熱愛棒球的他並未放棄兼差棕人隊球探，加上聰明和好口才讓舊東家老

你教我棒球而我教你相對論……不，不對，你會比我學懂棒球還要快就學會相對論。

～大科學家愛因斯坦讚嘆棒球變化之多元繁複

闆赫吉斯（Robert Hedges）印象深刻，故獲邀加入行政高層。據說面試時瑞基火車票都得向赫吉斯借錢買，足見財務之困窘。可惜接下球探和總管角色後，瑞基並未替棕人帶來顯著提升，唯一功勳是趁著未來名人堂球星席斯勒（George Sisler）違法簽約之際展現快狠準判斷力，將昔日大學隊愛將納入麾下。一九〇六年在球團新老闆不認同其管理風格、宗教信仰，加上球隊戰績差被扣上「聰明反被聰明誤」的帽子，瑞基重返球界的短暫旅程告一段落，人生再陷失意。

一次大戰獲召退役後，歷經三年空窗期的瑞基又獲賞識、接任紅雀總管。已屆而立之年的他，終於在第二份球團行政工作中，等到生命的轉捩點。

初入紅雀時，這支財政困窘、選秀能力薄弱的萬年爛隊已陪榜超過二十年。為了省錢，瑞基不但兼任教頭、向老婆借來嫁妝地毯裝飾空蕩蕩的辦公室，還自嘲「球員只能撿別人不要的」。但也正因如此，激發了他創建自家農場的念頭，以避免盲目購入小聯盟球員、表現卻不如預期的窘況一再發生。

源於教球積累的功力，瑞基設計出各式課程養成選手，包括利用沙坑練習滑壘、在本壘板上方以繩索劃出好球帶以提升投手控球、用黑板推演戰術……等均為先驅，加上自簽約、訓練、評估到拔擢的統包式經營，助球隊以低成本養成優異新秀。短短兩年，紅雀便在他整軍經武下躋身聯盟前三強，其後二十五年六度豪奪世界冠軍的基礎亦扎實打下。

因分紅爭議、人馬遭開除導致和老闆關係緊張，瑞基於一九四二年離開紅雀，改投早就有意挖角的道奇。縱使道奇戰績優異、陣容堅強；二戰爆發也讓多數球隊對簽下隨時可能出征的年輕球員大感猶豫，然瑞基非但洞察球隊陣容老化，更深知戰爭終將結束，此時反應空頭買進、厚植根本。從他被冠上媲美印度總統甘地的綽號「聖雄」，以及戰後二十二年內道奇十度叩關世界大賽、力奪四冠，與美聯洋基盛世相輝映的成就觀之，不難窺其眼光宏遠。

尤有甚者，抓準戰後種族融合氣氛高漲，順勢引進黑人選手擴充軍容、進而推動種族平權更讓瑞基一夕自「精明總管」蛻變為「聖人」。儘管不諱言一切皆本於資金考量，但選進「對的人」羅賓遜、勇於力抗逆勢的勇氣卻是不爭事實。多年後，世人才瞭解他不單只是個機會主義者，宗教信仰和昔日目睹黑人子弟兵遭歧視的往事，早已悄悄在瑞基心中埋下成就偉業的種子。

前述創舉外，為統一管理、訓練、評估及遴選大小聯盟選手，瑞基亦於執掌道奇時協調佛州維洛海灘市（Vero Beach）提供廢棄軍營，首開先河成立春

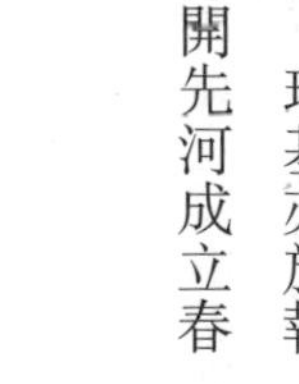

當你贏球的時候，音樂聽來更悅耳、醇酒嚐來更甜美，連女孩兒們看來也更漂亮了。

～1990年代小熊當家一壘手葛瑞斯（Mark Grace）

訓營。此外，棕人時期便曾鑽研打者推進壘包能力的他，進道奇後更雇專人製圖、統整安打落點，儼然棒球數據分析之父。轉職海盜後則引領中南美洲覓才風潮，發掘成為拉丁民族英雄的克雷門提（Roberto Clemente）。就連催生第三聯盟未果都能帶動大聯盟擴編，大都會、太空人、天使、遊騎兵等隊於焉誕生。

即使已是業界頂尖，瑞基仍非一帆風順。除逆勢挑戰種族隔離政策，推行農場之初也曾因大聯盟主席偏好讓小聯盟獨立運作而非隸屬於大聯盟球團，兩度被迫解散七十多名選手，甚至背負阻礙人才自由流動罵名。手握豐沛作物後，現今習以為常、以遲暮球星交易新秀以擘畫未來的手段，也被斥為棄老將榮光與感受於不顧。而他的最後一份工作，正是因為逼迫紅雀傳奇穆休（Stan Musial）退役而砸掉飯碗。

媒體曾誇瑞基能將「解讀打擊率給說成蓋茨堡宣言」，辯才無礙可見一斑，而他亦善用於和選手談薪，甚至獲封為「吝嗇鬼」。前紅雀教頭史坦基（Eddie Stanky）便形容：「從他身上能得到價值百萬的建議，和極其小幅的加薪。」一語道破其融合智慧與小氣的特質。

回顧過往，瑞基坦承經營球隊省錢至上，但提及最初的摯愛卻也不忘道：

「要打棒球，只需擁有一顆球、一支球棒、一只手套，和一個小男孩的想像力。」或許就是這股最純粹的愛讓他永不放棄，配合無邊想像力激發出的創新和前瞻，才能在逆境中成就傳誦萬世的影響力。(正義鷹大俠)

棒球選手有三種：其一能改變局勢、再者是目睹戰局變動，最後則是搞不清楚變化是怎樣發生的。

～生涯督軍道奇、豪奪1599勝的名人堂教頭拉索達（Tommy Lasorda）。

那幾年投球時不管做啥都渾身不自在，因為，我總是試著變成別人。

艾瑞耶塔（Jake Arrieta）

艾瑞耶塔

背負頂級新秀期待，在金鶯卻始終投不出潛力，甚至名列隊史四十年來最差先發投手。但被交易至小熊後表現走高，並於二〇一五年投出球史最佳、防禦率僅零點七五的驚奇下半季，隔季更完成逾百年來第三長的跨季二十連勝偉業、期間祭出兩場無安打比賽。

十九世紀初，毛皮獵人休格拉斯（Hugh Glass）隨百人眾赴美國西北山林，熟識地形和原住民文化的他是隊中避開部落襲擊、制定路線的決策中樞，不料卻在某次受灰熊襲擊時受重傷並斷了一條腿，嚴重拖慢隊伍腳步。尤有甚者，兩名留下來照顧的隊友竟搜刮其財物後將之半活埋在荒野等死，所幸他帶著強烈復仇意念從活死人墓中爬出，一路匍匐前行五百六十公里後獲救，自此躍身鄉野傳奇，故事還被改編為金獎電影《神鬼獵人》。

據傳傷癒後休格拉斯找到拋棄自己的隊友，最終卻選擇了原諒。而原諒，有時或許才是最殘酷的報復。

一如艾瑞耶塔的故事。

「這個球季結束後，我不想再打球了。」

艾瑞耶塔早非首度心生放棄，而這次則是在二〇一三年開季先發四場後旋即遭下放小聯盟後。同樣戲碼去年明星賽前就已搬演過，當時他還是連兩季榮膺主場開幕戰先發殊榮的金鶯王牌；一年過去，昔日百大新秀的光環、前段輪值的意氣風發早已煙消雲散，就連自尊也給磨掉泰半。

望著剛出生的稚子，年僅二十七歲、球涯還有好大段路的艾瑞耶塔千頭萬

佩吉投球時總設法讓球遠離木棒，同時盡可能使球靠近本壘板。

～名人堂教頭史坦哥（Casey Stengel）形容黑人聯盟傳奇巨投佩吉（Satchel Paige）投球時掌握打者微妙心理。

緒，投手丘上的挫敗讓他想起大學的商業行銷文憑只差幾個學分就能拿到；還有自己和人相處挺在行的，找個業務之類的新工作謀生應該不困難。但這廂念頭方起，腦中的另一個自己卻又跳出來：「這太瘋狂了，你想放棄最愛的棒球？」

出身德州，艾瑞耶塔一脈傳承了三振王萊恩（Nolan Ryan）、「火箭人」克萊門斯（Roger Clemens）的火球基因，年紀雖輕，豪腕潛質卻已受注目。即使有意上大學，高中畢業後紅人仍不惜拿三十一輪選秀順位碰運氣；大一表現雖普普，選秀輪次仍再提前五輪，這回換釀酒人當冤大頭。不只職棒要他，當時就連出過卡本特（Matt Carpenter）、凱許納（Andrew Cashner）等現役好手的棒球名校德州基督大學（Texas Christian University，簡稱TCU）也出手挖角。

據傳TCU教頭史拉斯內格（Jim Schlossnagle）到場看艾瑞耶塔所屬的威德福學院（Weatherford College）出賽時，偵查的其實是另一名牛棚投手，卻在目睹他投球後急忙撥了通電話給助理教練：「先別管那個後援投手了，叫艾瑞耶塔的傢伙是何方神聖？」

多年後，艾瑞耶塔承認當時在場邊被挖角、隨後轉學至TCU是「球涯碰上的最佳機會」，事實也證明他隨即大放異彩。從開學前的夏季聯賽起，大二入選所屬聯盟年度最佳投手及全美大學第二隊、投出十四勝睥睨國內同級棒壇；赴古巴參加世界大學棒球賽勇奪金牌；一路到大三於第五輪被金鶯挑中且獲得首輪等級簽約金；晉身北京奧運國手；初進職棒便在大物如雲的亞歷桑納秋季聯盟以完美的零防禦率技壓當今一線強投薛澤（Max Scherzer）……等成就紛至沓來。選秀後不到三個完整球季，艾瑞耶塔已置身夢寐以求的大聯盟。

怎奈初登板贏球、童話般開端並非順遂的保證。挾著超級新人之姿，儘管菜鳥球季表現平平，被寄予厚望的艾瑞耶塔接著兩季仍扛起主場開幕戰先發重任且均順利奪勝，但實際表現卻不如預期，尤其二〇一一年季中由板凳教練阿戴爾（Rick Adair）接任投手教練後，更是連串災難的開始。

阿戴爾屬老派投教，一體適用、單向溝通的方式不合時宜外，和金鶯滿是年輕臂膀的投手群更格格不入，其中尤以大學時便熟稔運動心理學、思路開放且行動派的艾瑞耶塔為最。單從他該季防禦率自生涯均值約四點五上下，到阿戴爾接掌教投後一舉攢破六點零便可窺端倪。

艾瑞耶塔在場上的掙扎，除了三度遭下放農場、連3A選手都應付不來之外，最顯著的莫過於投球姿勢和球路屢遭修改。迴異於一般投手跨步時腳尖朝本

對關恩唯一的投球方式就只有把球壓低，然後希望他直接朝某位守備員打去。

～明星左投萊特（Al Leiter）形容對決曾八度奪下打擊王的關恩（Tony Gwynn）時，只能期待運氣站在自己這邊。

壘，他出手前先朝三壘側前跨、有如要將球擲向三壘看台，接著才大幅扭轉軀幹朝打擊區投球；這種乍看帶點兩段式投球味道、如今少有人用的「交叉發射」（crossfire style）跨步法可謂獨樹一幟；此外，預備時未高舉雙手過頭頂亦非樣板動作。

為「修正惡習」，阿戴爾任職短短兩年內艾瑞耶塔便六度調整姿勢；更慘的是基於年輕選手全力發展速球考量，教練團竟禁用其絕殺球路——卡特球。對於這段混亂歲月，艾瑞耶塔曾無奈表示：「對我而言是莫大的煎熬，因為身為二、三年級生你會希望自己能『受教』，另方面心裡卻又清楚自己是憑什麼登上大聯盟的。」而調整到後來每況愈下，顯然連教練團都亂了套，只好趁小熊有意延攬之際將他交易，際遇堪比當年休格拉斯身上武器被搶光、在重傷下遭棄置山林的絕境。

小熊會看上艾瑞耶塔絕非偶然，而是自傳奇經理人艾普斯坦（Theo Epstein）接掌球隊重建起，每年季後便致力挖掘受「環境因素」影響，包括因為和教練相處不睦、家庭、受傷等問題而遭低估的選手，而艾瑞耶塔正巧就在當年的清單上。而雖陷低潮，眾家好手如白襪隊長柯諾科（Paul Konerko）、道奇鐵捕艾利斯（A.J. Ellis）盛讚其球威為「當今最強」等評價亦顯示小熊眼光無誤。正因為夠了解，球員時期同樣採「交叉發射」跨步的小熊投教巴西歐（Chris Bosio）才能在子弟兵初來乍到便直言進小熊就是要「做自己」時從容回應：「我們懂你的狀況，就是要你做自己。」

不只允諾恢復投球姿勢，讓原生火球的動能藉大幅扭腰再現，巴西歐也解開艾瑞耶塔軌跡激似滑球、時速卻上看九十三英里的卡特球封印，用這顆被強打鐵捕波西（Buster Posey）形容為「終結者等級、卻能縱橫九局」的致命武器提升獵殺效率。此外他也建議微幅調整、要艾瑞耶塔往三壘側站，並強調出手前頭部水平軸和本壘板平行並縮短跨步，藉此穩定機制、提升控球，對隱藏球路也有助益。

加上艾瑞耶塔對訓練狂熱莫名且雜食，常見重訓外，複合式有氧、瑜迦、皮拉提斯也被列入操練；至於每天必喝、多年來不斷精進的蔬果汁配方更足證他擅於掌控身體狀況。在自由放任為前提的利基加持下，不但初入小熊成績就明顯進步，隔年更睽違三季笑納兩位數勝投、三度將無安打比賽帶進第七局並躋身輪值頭牌。但畢竟小熊猶蒙受百年奪冠詛咒、連五季落入放牛班，艾瑞耶

當你是個贏家時總會感到快樂，但如果你輸球卻仍覺得快樂，那你就永遠會是個輸家。

～球涯如流星般劃過天際、菜鳥年單季拿下19勝和新人王後後便一蹶不振的費卓奇（Mark Fidrych）。

塔光芒綻放的時機未到。

終於，來到電影《回到未來》預言小熊奪冠的二〇一五年，在戰力補強到位、老將新秀齊發威下全隊戰績爆走、直闖季後賽，差點兑現神預測。最終雖奪冠未成，但世人終於驚覺，當年那個面容白淨，在投手丘上常徬徨無依的青澀菜鳥早已羽化為勝利保證，而老東家金鶯除了扼腕無緣季後賽，更只能眼巴巴、懊悔地望著昔日自家大物終成氣候。

「人們對於巴爾的摩時期的我失去信心是理所當然的，我知道那並非真我。」

該季艾瑞耶塔寫下球史最低的下半季防禦率後，甚至被拿來與一九六八年投出「二十世紀迄今最強球季」的名人堂巨腕吉布森（Bob Gibson）相比擬。雖不若後者擅用近身球恫嚇對手，但論霸氣，蓄滿休格拉斯蠻荒年代連鬢刺鬃的艾瑞耶塔非但毫不遜色，帽簷陰影下如黑曜石眼珠透出的殺氣更充滿置死地而後生、野獸般的復仇意志，直教六十呎六吋外的打者不寒而慄。

二〇一六年球季開打不到一個月，艾瑞耶塔相隔十場季賽再現無安打比賽榮光，證明去年的驚世鉅作絕非特例。而如今，他先發前雖仍習慣戴上耳機，曲目卻早已捨棄金鶯時期試圖以音浪撞醒自己的重金搖滾，換成獨立民謠樂團帶點微醺閒適，更適合靜下心並保存能量的氛圍電子樂（ambient music）。

啊？！你問我那隻野獸到哪兒去了？

上了投手丘，猛獸就要出閘。（正義鷹大俠）

他是投手界的大衛考柏菲。

～3000 安俱樂部成員巴格斯（Wade Boggs）形容麥達克斯（Greg Maddux）令人難以捉摸的投球技宛如大衛魔術。

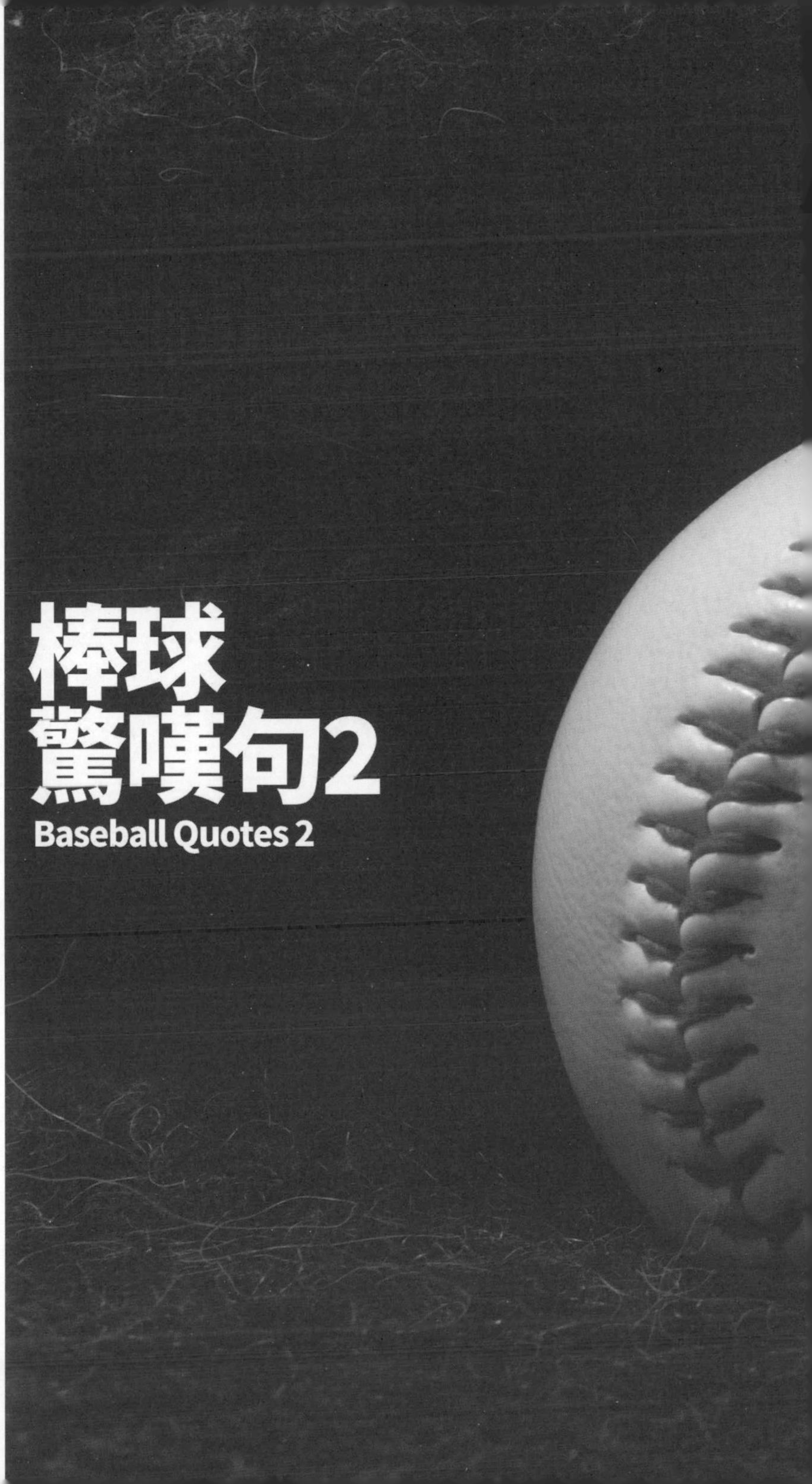

棒球驚嘆句2
Baseball Quotes 2

生命，因付出而更加精采

不要問身處的環境是好是壞，要問自己有沒有勇氣改變。

陳金鋒

不要問身處的環境是好是壞，要問自己有沒有勇氣改變。

陳金鋒

陳金鋒

台灣棒壇永遠的國民英雄，在國際賽事中唯一能力抗達比修、上原浩志、松坂大輔等頂級強投的強力打者，也是首位登上大聯盟的台灣球員，生涯參與過的大小戰役與戰功已數不清，堪稱棒壇的頭號傳奇，二〇一六年球季後退休，在退休儀式上共有二萬零五十二名球迷進場歡送他，創下中職例行賽的票房紀錄。

只要有中華隊的比賽，就一定有陳金鋒全力揮擊的身影，他總是能讓徹夜守在電視機前的台灣球迷尖叫，也凝聚起中華隊的向心力，他在國際賽中打遍日韓巨投，斗大的背號「52」，在台灣棒壇是無可取代的神奇密碼，更是無法複製的傳奇。

二○○二年時，陳金鋒給了台灣棒球第一個希望，因為這一年的他率先登上了大聯盟的舞台，證明了台灣球員就算身材與先天條件不如人，只要靠著努力，還是能攀上世界最高的棒球殿堂，儘管受限於守備位置，陳金鋒沒有留下什麼傲人紀錄，但是他無形中鼓舞了非常多後輩勇敢追夢，開啟了一波旅外熱潮。

跟隨著陳金鋒的腳步，後面才有王建民、陳偉殷、胡金龍等好手陸續加入大聯盟的行列，也因此讓台灣棒球的實力大幅提升，更重要的是，陳金鋒展現了「力量野球」的價值，強調的是長打能夠一舉改變比賽，也顛覆了台灣棒球過去強調巧打與推進的保守觀念，開始能跟上國際潮流。

被道奇釋出後，陳金鋒思考著自己的動向，最後他沒有繼續挑戰美、日職棒，在家人的期盼下，回到台灣加盟中華職棒，他拿到了三年三千萬的中職史上最高薪，把中職的薪資往上拉高了好幾個層次，讓中職明星球員們都意識到，自

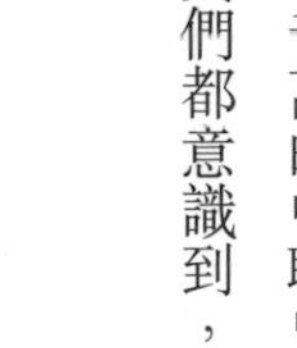

棒球，是個毫釐之爭的遊戲。

～引領棒球數據風潮的瑞基（Branch Rickey）

己只要能夠創造出像陳金鋒一樣的價值，身價也會水漲船高，再高的薪資都不會是不可能的夢，也才有後面的林益全、林智勝的高身價。

但陳金鋒不是只靠名氣，也打出呼應他身價的成績，在回台的前幾年他一肩扛起La new熊隊（Lamigo桃猿前身）的戰績，把這支前幾年在B段班徘徊的球隊，一路帶到總冠軍的位置，同時確立了熊隊強力攻擊的球風，他的打法也影響了後來的林智勝、林泓育、王柏融等隊友，堪稱另類的打擊教練。

「對於當年回台灣打球這個決定，我從來沒有後悔過，因為我已經完成過夢想，接下來的時間，我想就留給台灣跟家人。」陳金鋒「留給台灣跟家人」的真的很多，接下來的他，見證了中華職棒史上最大的簽賭放水案，讓即使是票房保證的他也無力回天，陳金鋒開始看著好不容易快要坐滿的觀眾席，又慢慢地空了下來，這是任憑他轟多少支全壘打都無法喚回的。

隨著米迪亞解散，中職再度進入了黑暗期，陳金鋒沒有卻失去打球的熱情，他依舊負起扛起球隊與中職的責任，儘管很多人為他叫屈，認為他好不容易回來台灣提升職棒環境，職棒卻自己向下沉淪，讓陳金鋒的效益無法最大化，但他卻沒有抱怨過，對他而言，人才是改變環境的關鍵。

「不要問身處的環境是好是壞，要問自己有沒有勇氣改變。」陳金鋒說。

「改變」這兩個字說起來簡單，做起來卻不容易，陳金鋒解釋，不管是多好的球員，都還是時時刻刻的希望自己更好，那也是改變的一種，「像很多大聯盟球員，本身實力就已經很頂級了，但是他們都還是不斷地在追求進步，這就是一種改變，只要你願意這麼做，環境一定會更好。」如果固守在原地，永遠也無法突破，最後就是把自己困住，然後再把責任推給「環境不好」，陳金鋒不願意這麼做，因為他是陳金鋒，他得負起帶頭改變的責任，重要的是，他也勇於改變。

在職棒征戰多年，在球季之外，還必須扛起所有國際賽的中華隊精神領袖，讓陳金鋒每年休息的時間都很短，累積的一身傷勢，持續地讓他的身體愈來愈不堪負荷，二〇一〇年開始，他的打擊數據從「神」退回了「人」，慢慢地，可以看出他那傲人的揮棒速度不見了，侵略性的跑壘速度也消失了，二〇一四年開始連續兩季全壘打都掛零，打擊率也只剩二成上下，退休的想法開始在他腦海裡盤旋。

「那時候想了很多，我想既然決定這是最後一年，那就用這一年做些有意義的事。」陳金鋒的身體不容許他做太多球技的改變，但他仍然保持心態上的持續

三壘手是場上僅次於捕手的笨蛋，你根本沒有反應時間去處理那些盡朝你打過來的（強襲）球。

～前水手隊三壘手艾德勒（Dave Edler）形容防守三壘關鍵在於不經大腦思考的直覺反應。

成長，他努力地克服了傷勢的限制，把體能發揮到極限，全壘打再度一支支地出現，沒有先發的時候，他也成了關鍵時刻最危險的代打人選，「以前那個陳金鋒」又回來了，在退休的前一刻，他依舊在改變自己。

這是陳金鋒硬撐著，讓球迷跟隊友看到，他在生涯的最後一刻都還努力著的成果，最困擾他的腰傷依舊纏身，因此面對要他不要退休的呼喊，陳金鋒只能笑著揮揮手，告訴大家，他不後悔做這個決定，因為身體與心理的負荷都已經到了盡頭。

二〇一六年的九月並不安寧，台灣這個小島竟然前後一共與三個颱風搏鬥著，在陳金鋒引退儀式的前幾天，全台也正被風雨籠罩，但到了當天，也許是上天跟球迷一樣，也想看他風光地告別球場，桃園的天空竟然奇蹟似地放晴了，現場迎來了破紀錄的兩萬多名球迷，見證著陳金鋒棒球生涯的最後一哩路。

他沒有像英雄電影的劇本一樣，在最後一刻用戲劇性的再見全壘打贏得比賽，反而是全場被三振了三次，但球迷都懂，其實他的那些關鍵一擊，都已經在生涯大小的生死戰役中用完了，所以沒有人在乎這一天他打得怎麼樣，球迷在乎的是「沒有陳金鋒的明天該怎麼辦？」或是「沒有陳金鋒的中華隊該怎麼打？」

桃猿的52號背號永遠退休了，未來相信在任何一個地方，應該也都不太有人敢穿上這個「八字很重」的背號，陳金鋒的離開繼續提醒著台灣球員們，別再抱怨環境侷限了你，只要願意改變自己，就會創造更好的環境。（鄭又嘉）

最棒的執法是沒有球迷能記起那場比賽的裁判是誰。

～20世紀初大聯盟裁判長、最早以手勢表達判決內容的名人堂裁判克雷姆（Bill Klem）

使用神賜與的影響力來助人，那是我步出球場後所能留下的。

柯蕭（Clayton Kershaw）

柯蕭

大聯盟左投代表人物之一。初登一軍時年僅二十，三年後便成為一九八六年迄今最年輕投手三冠王。二〇一五年季前和道奇簽下七年兩億一千五百萬美金鉅約，創當時史上投手新高。至今已三度拿下國聯賽揚獎、一次最有價值球員。

冬去春來，空氣裡新刈綠草和水煮熱狗交織的香氣，彷彿宣告嶄新的、充滿希望的棒球季回歸。位於春訓營裡某個角落，道奇國寶播報員史考利（Vin Scully）也和場上球員們一樣，為自己即將邁入的第五十九個球季熱身暖嗓。

史考利播球近一甲子且身處傳統名門，從突破種族藩籬的「傳奇四十二號」羅賓遜（Jackie Robinson）起，親睹、播報過的大球星不知凡幾，隊上更有盛產強投的傳統。一九九〇代以降由瓦倫瑞拉（Fernando Valenzuela）、「龍捲風」野茂英雄、朴贊浩掀起的外籍投手旋風仍教人記憶猶新；我國旅美的郭泓志、曹錦輝相繼投效迄今仍是話題；遑論寫下連續無失分紀錄的「鬥牛犬」郝西瑟（Orel Hershiser），以及薩頓（Don Sutton）、卓斯戴爾（Don Drysdale）、「初代神之左手」考法克斯（Sandy Koufax）三位名人堂巨腕了。

只不過，此刻代表道奇登板的投手背號96，一看便知是從農場拉上來練功、春訓隨便抓都有一把的菜鳥，而打者則是混跡大聯盟十二載的明星一壘手凱西（Sean Casey），光比資歷，甚至還有大欺小嫌疑。然兩好球後，伴隨一道弧度宛如新月、悄然掩進好球帶的完美拋物線，打擊區裡的凱西瞬間遭冰封凍結。

更誇張的是，全場最快有反應、忍不住激動大吼的竟是播球時向來沉穩的史

當你打出一支強勁安打時，那感覺就像你能清晰優美地將思緒表達出來。

～生涯常揮出關鍵全壘打的「十月先生」傑克森（Reggie Jackson）

考利：「我的天老爺啊！」聲線中皺紋雀躍扭曲的臉龐躍然眼前，現場球迷也不敢置信地瞪大眼，花開春暖下的睡意早沒了半點。

「柯蕭方才投出了『頭號全民公敵』！」經驗豐富的史考利，立馬替這顆配備毀滅性殺傷力的曲球起了響亮綽號，職棒經歷僅一年的柯蕭自此備受矚目，兩個月後便在大聯盟銜命上陣。

其實早在高中時期柯蕭便已名滿全美，出身德州的他就讀的是曾被「運動畫刊」評為州內最佳運動學校的高地公園高中（Highland Park High School），高一時還曾美式足球、棒球雙棲。因美足天賦略遜，入學次年起決定專注於棒球，高三非但曾在提早於五局奪勝的某役中飆出近乎不可思議、單場十五次三振的「全三振完全比賽」，十三勝零敗和零點七七的防禦率更讓他在首輪選秀即獲青睞。

投身道奇後，柯蕭靠著「頭號全民公敵」和靠近本壘板才驟生變化的直球連年躋身百大新秀，二〇〇七年更高踞前五傑，隔年上升一軍時仍是最年輕的聯盟成員。儘管起初控球不佳，且打者捨棄曲球、專攻速球導致表現起伏，但二〇〇九年習得球速介於其間的滑球後速差和球種變化性增加，搭配優異的藏球、滑跨投球時略為停頓的特異節奏，自此單季防禦率未曾高於三。

二〇一一年更重視出局效率後，柯蕭的續航力與戰力直攻頂峰，不只郝西瑟大讚這名小學弟「從優秀晉升到偉大」，獲選明星賽、投手三冠王、賽揚獎、象徵大聯盟最強左投的史潘獎（Warren Spahn Award）等殊榮亦手到擒來，才二十三歲便幾乎將投手獎項都拿過一輪。年方二十六時甚至已和左腕至尊考法克斯相提並論，而放眼投球逾千局的現役投手中，其防禦率與相關進階數據ERA+、FIP等更無一不傲視群雄。此外，對決世仇巨人時遠優於生涯均值的表現更讓他深受道奇迷喜愛。

雖看似天之驕子，柯蕭人生路卻不乏坎坷。十歲遭逢父母離異後，正進入叛逆期、亟需父親榜樣的他一度焦慮迷失，囿於經濟考量甚至得放棄德州農工大學（Texas A&M University）獎學金，所幸兩百三十萬美元的簽約金如及時雨般助家中度過困境，習於掌控人生的他也開始意識到神的引領，天主教信仰益發虔誠。

無獨有偶，國中時認識的另一半愛倫（Ellen）也是教徒，二〇一一年初新婚不久，柯蕭便陪著太座遠赴她曾前往傳道的非洲尚比亞。聊到為何沒度蜜月而

我這輩子想拿座金手套獎，唯一的方法只有去買罐（金色）噴漆。

～球涯不以守備見長的名人堂重砲傑克森（Reggie Jackson）

是前往黑暗大陸，柯蕭理所當然地笑道：「她支持我所熱愛的棒球，我也該支持她想做的事。」接著補充：「而這一切，完全改變了我。」

赴非期間，柯蕭發現當地許多弱勢兒童自身或父母感染愛滋，生活條件之艱困超乎想像。認識了父母雙亡、名為「希望」（Hope）的十歲女童，更觸發他們替十多位處境類似的孩子募款，建立一個家以遮風避雨，並提供溫飽、教育和歸屬感的念頭。

基於愛和信仰，兩人回國後成立了「柯蕭的挑戰」基金會，並發起「興起非洲」（Arise Africa）活動以拋磚引玉，立志新球季每三振一人便捐款至基金會，投入尚比亞的建屋資金。季末，柯蕭以兩百四十八次三振榮膺國聯三振王，更是球史第二位在二十四歲前締此佳績的強投。對此，旁人或許只覺巧合，但在這對年輕夫婦心中，卻對神的引領深信不疑。

多年後愛倫雖表示「當初在我們這年紀，壓根沒想到會去做這些事」，但如今只要提到「柯蕭的挑戰」，不僅馬上讓人聯想起同在菜鳥時期便樂於行善的洋基隊長基特（Derek Jeter），在夫妻倆推廣下，還擴展出同以關懷弱勢兒童或青少年，並結盟天主教慈善團體的另外三項活動、受益者遍布海內外。其中包括提供物資給缺乏物質條件導致骨肉須被迫分離的洛城家庭，幫助他們能團圓生活；於家鄉達拉斯興建綜合體育場館，減少當地學子課後流連街頭；並在多明尼加籌建外科醫院，給予肢體殘疾者免費醫療。

此外，柯蕭亦善用好人緣與地利之便，每年邀隊友、棒壇名人和好萊塢明星至道奇球場舉辦乒乓球義賽，售票及義賣所得同樣挹注基金會以支援前述活動。「棒球只是上帝給的天賦，因這天賦，我有更多責任在身。」柯蕭的行善動機，正如其信仰般純粹。

二〇一一年，柯蕭獲頒球界場外最高榮譽、表揚球員在慈善及人道救助成就的克雷門提獎（Roberto Clemente Award），兩年後年則榮獲於足堪社區服務典範的瑞基獎（Branch Rickey Award）。

同年世界大賽第四戰賽前的克雷門提獎頒獎儀式上，重視場外表現超越棒球成就的柯蕭激動到淚水決堤，直說這對他意義重大。或許就像他在名為「我是其次」（I am second）的影片中所述：「使用神賜與的影響力來幫助別人，對我而言，那是步出球場之後所能留下的。」對照歷來得獎者平均年齡三十五歲，柯蕭寫下最年輕獲獎紀錄益顯珍貴，而「運動畫刊」作家佛度契（Tom

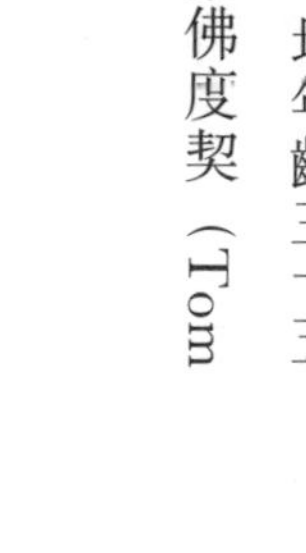

當你打了十年棒球，上場打擊7000次、揮出2000安時，你知道這代表甚麼？這代表你有5000次打擊連一支安打都擠不出來。

～生涯累積驚人打擊數據的傑克森（Reggie Jackson）從另個面向解讀棒球乃講求失敗的運動

Verducci）也於隔年評選年度運動員前，盛讚他是個「罕見如此年輕，卻又對什麼才是『真正重要的事』信念堅定的人」。

直到今天，坐擁高薪的柯蕭仍樸實開著剛打職棒時買的休旅車，經常簡單套件T恤牛仔褲，甚至球團配給的運動褲和上衣就出門，執著一如其善心義舉。儘管投手丘上霸氣十足、令對手望之生畏，近年曲球墜幅和沙丘上的宰制力亦持續進化，但相信就算手上沒握著球，球衣胸前湛藍的「天使」二字（道奇所處的洛杉磯源自西班牙文Los Ángeles，原意即天使），仍將是他永誌人心的不凡表徵。（正義鷹大俠）

球員照鏡子要對得起自己。

～大聯盟名人堂球員拉金（Barry Larkin）

人生跟棒球一樣，都需要廣角打法。

黃平洋

黃平洋

職棒初期的天王級投手，味全龍隊史上最有人氣的球星之一，「龍象大戰」中與兄弟象隊王牌陳義信的對決，仍是中職史上最精彩的戲碼之一，但因為過度使用導致右手韌帶撕裂，從此無法回到巔峰，兩聯盟合併後離開棒壇，目前仍積極尋求在政壇的發展。

所有的老龍迷心中，都有著那五個紅色圈圈，也一定有個黃平洋。

職棒草創初期的代表性明星，黃平洋絕對能佔有一席之地，味全龍拿下職棒史上的第一座總冠軍，黃平洋在那個年代，扮演的就是賽揚獎巨投的地位，他一夫當關，沒有完投好像就是不及格的表現，燃燒出老球迷心中的鬥魂，也燃燒著他看起來好像不會壞的手臂。

很可惜的，黃平洋雖是「金臂人」，卻沒有像海賊王主角魯夫般的橡皮手臂，職棒二年總冠軍賽他血淚演出，三度先發全部完投，其中還包含一場十四局的延長賽，看起來已經夠不可思議了，結果他竟然還在第七戰上場後援，最後氣力放盡的黃平洋慘遭獅隊打者屠殺，龍隊失掉冠軍盃，黃平洋拿下一座毫無意義的總冠軍賽最佳投手，也為過勞的手臂埋下一顆未爆彈。

在那個訓練與球員使用觀念都不成熟的時代，黃平洋的行為是男子漢的表現，也是一部悲壯的史詩，職棒三年他的自責分率從一點八九暴漲一倍到三點七二，已經看出警訊，隔年單季又投了二百四十四局後，終於徹底擊垮了他，一九九五年決定赴美接受手肘展韌帶置換手術，「金臂人傳奇」低頭謝幕。

這個中華職棒的第一代名投，原本合理的人生規劃，應該是拿盡所有個人獎項，然後為龍隊拿下數不清的連霸，創下族繁不及備載的紀錄之後，然後在滿場觀眾前發表個感人演說，摘下球帽、揮揮手，風光地離開球場，未來可能是某隊的總教練，再帶領著球隊拿下幾座冠軍。

但規劃跟計劃，都趕不上傷所帶來的變化，在國內復健觀念並不健全的時代，黃平洋成了犧牲品，他的手肘再也回不到當年「完投才及格」的時代，與味全龍翻臉，轉投台灣大聯盟後，一切都變了調，沒有再為自己的棒球人生留下什麼強而有力的印記，二〇〇一年黯然退休。

兩聯盟合併後，黃平洋也沒有機會在教練位置貢獻他多年的經驗，因為當年離開味全加入台灣大聯盟的行為慘遭追殺，「叛將」的身份揮之不去，他又拒絕繳交中華職棒當時缺乏正當理由、只為報復的罰款，此舉也等於宣告，自己要從此離開中華職棒了。

「我接下來該怎麼辦？」這個問題開始浮現在黃平洋的心裡，一輩子的精華時光都給了棒球，一下子要離開這個圈子，還真的有點茫然，況且，當年自己曾是在棒壇呼風喚雨的超級巨星，要低下頭重新再來，真的需要勇氣，也需要找到正確方向的運氣。

一個最棒的總教練，有本事讓球員覺得自己比想像中的要更好。

～素以驕傲聞名的傑克森（Reggie Jackson）也不得不承認，好教頭能激發球員自信想了很久，黃平洋做了一個很跳tone的決定，他不像大多數的隊友轉投基層當教練，他選擇脫下球衣，穿上圍裙走進了廚房，開起了便當店，店就開在最熟悉的天母棒球場附近，自己當老闆兼任外送員，憑藉著過去在棒球圈的名氣，加上口味跟他自己的名氣一樣「懷舊」，球迷跟球隊都很捧場，每逢比賽都會訂購他的便當，讓他生意做得很不錯，但也開始嚐到了些人情冷暖。

「我記得有一次送便當到球場，工作人員可能剛好換新的一批，並不認識我，因此我就被請出球場，實在是有點尷尬。」黃平洋回想起那次經歷，忍不住會心一笑，過去進出球場從來不需要證件，因為沒有人不知道他是「球員黃平洋」，如今變成「送便當的黃先生」，世界就不一樣了。

離開自己最愛的棒球，黃平洋沒有埋怨，他反而感謝命運之神指點了自己一條不樣的路，因為棒球不會打一輩子。

「人生跟棒球一樣，都需要廣角打法。」黃平洋說。

雖然黃平洋是個投手，但他對打者的研究，可是比誰都透徹，當一個打者面對任何球路，都只有一種打法的話，那打擊率恐怕不會太高，因此要當一個強打者，就是會因應球的速度、位置、球種做應變，然後在最適當的時候，揮出最流暢且致命的一擊，長期觀察打者的他，把這個理論應用在生活上，他知道很多球員終其一生都只有棒球，「但如果沒有了棒球呢？」

這個假設很大膽，卻也現實得可怕，台灣棒球員從小就被教導「只要打球就好」，不用上課、不用學其他一技之長，黃平洋看了很多，身邊的戰友們一被棒球圈淘汰了後，只能從事勞力性質的工作，而且過去被球迷包圍的光環不再，很多人心理常常難以調適，只能泡在酒精裡，在酩酊之中回憶一下當年勇。

但黃平洋做好了準備，褪下了球衣後就重新再來，忘記自己曾經是呼風喚雨的中職王牌，忘記球迷至今仍津津樂道的，與陳義信的天王山對決，只記得自己是個便當店老闆，中職的年度頒獎典禮訂了他的便當，黃平洋就這樣穿著圍裙，扛著上百個便當送到現場，他沒有多看一眼典禮的熱鬧華麗，就像個一般的外送員一樣，默默地清點便當數、收款，然後開著車離開。

隨後他也轉戰政壇，成為台北市議員，成為中職史上第一個當選地方民代的球員，再一次成功地完成轉型，黃平洋穿上西裝，站在台北市議會裡，質詢著過去的對手，台北市成棒隊總教練曾智偵，在另一個位置上，繼續關心自己最了解的棒球議題，繼續用「廣角打法」迎擊著人生的每一顆變化球。

關於打擊蝴蝶球有兩種理論，很不幸的，兩種都沒有用。

～知名打擊教練勞（Vance Law）形容蝴蝶球球路之變幻莫測

儘管離開棒球圈後的一些行為引發爭議，導致一般人對他的評價毀譽參半，但黃平洋努力經營自己棒球以外的人生，勇敢地走出了舒適圈，不讓自己侷限在小框框裡，而且不斷成功地變化角色，就好像他成名的「七彩變化球」一樣變幻莫測，他的歷程，還是很值得台灣球員好好借鏡的。（鄭又嘉）

人生中最重要的是好朋友，和好的牛棚。

～大聯盟名人堂投手雷蒙（Bob Lemon）

我要人們記得，我是個盡其所能付出的棒球員。

克雷門提（Roberto Clemente）

克雷門提

出身波多黎各，球史第十一位三千安俱樂部成員、首位入籠棒球名人堂的拉丁裔選手。場外熱心公益、致力於匹茲堡與祖國慈善事業，為各世代拉丁選手最高偶像。象徵球界年度最高榮譽，頒給場上表現優異、富運動家精神、對團隊有貢獻且致力於社區服務棒球員的克雷門提獎（Roberto Clemente Award）亦以之命名。

一九七二年除夕夜，多數人身邊偎著深愛的親友、沉浸在即將跨年的歡騰中；同時間，兩千哩外的路易穆涅斯．馬林機場（Luis Munoz Marin Airport），一架道格拉斯DC-7型貨機卻正啟動螺旋槳、預備沒入冷清夜空。縱無愛人相伴，機上一行五人卻不寂寞，因為他們知道，隨行物資將為二十五萬名無家可歸的尼加拉瓜地震災民帶來希望。

孰料甫自地表拉升，機側便隱現火光，未及掉頭即頓失動力、直往海面下墜，機組成員全數罹難。而當中也包含年僅三十八、甫於季末最後一個打數締造生涯第三千支安打的克雷門提。

無數棒球員曾展現過偉大情操，但沒有一個人至死方休。

迥異多數打棒球的中南美洲孩子，克雷門提長於小康之家、自小衣食無虞，不過身為家中么子的他非但未見驕縱，反而受母親接濟貧童影響而習於助人。小學時，他就曾從著火的事故車輛中救出乘客而傳為美談。

雖然雙親希望他好好唸書、長大後當個工程師，小克雷門提卻獨鍾棒球。強勁臂力、迅捷腳程讓他在田徑場上發光發熱，甚至差點成為標槍國手，仍難擋他對於紅線球的愛。因崇拜黑人聯盟名球星艾文（Monte Irvin），克雷門提想盡辦法、透過關係爭取到替這位傳奇拎行李的機會；投身祖國波多黎各冬季聯盟時則因緣際會接受了巨人球星梅斯（Willie Mays）指導。與兩位名人堂級外野手擦撞出的火花，隱然形塑了克雷門提日後攻守兼備的棒球路。

球涯之初，傳說級的貴人不只艾文和梅斯。二十歲以頂級新秀價碼簽約道奇後，克雷門提竟有志難伸、出賽斷斷續續，有一說是道奇囿於外野陣容爆滿、怕他因符合規則五選秀條件被別隊挑走，因此刻意不給機會表現。惟囊中之錐終難掩其鋒芒，在曾發掘「傳奇四十二號」羅賓遜（Jackie Robinson）的前道奇總管瑞基（Branch Rickey）慧眼識英雄下，海盜只花四千美元便從道奇手上將人劫走，直到多年後，瑞基仍對此一決定自豪不已。而宛如般命運巧合，繼偕同羅賓遜突破大聯盟種族藩籬後，瑞基註定再度扮演推動少數族裔人權的關鍵角色。

克雷門提入隊後一場小聯盟比賽都沒打便自一軍開季，守備功夫雖出色，教頭亨尼（Fred Haney）仍不禁擔心他棒子撐不住場面。但或許是首役便對上前東家，該日雙重賽他先是在白天敲出全隊首安、展現空中抓飛鳥的守備美技，夜賽又揮出二壘打，並靠著道奇失誤從一壘直搶三壘、展現過人速度。歷經五季磨練，一九六〇年更大鳴大放、全壘打首度突破兩位數，並帶領低迷多年的海盜拿

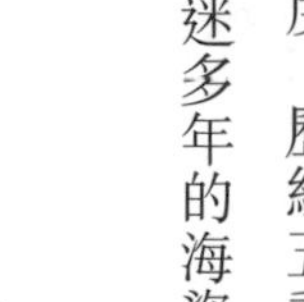

對我而言，當個年輕總教練最困難之處在於很多人見過我打球，他們都知道我以前有多遜。

～34歲就掌帥印的名人堂教頭拉魯沙（Tony La Russa）自嘲球員時期成績不佳，卻說明了帶兵和能不能打球並無直接關聯

下睽違三十五年的世界冠軍。

此後十二年，四度高踞國聯打擊王座的克雷門提躋身頂尖球星之林，儘管打擊前頻頻扭動脖子；揮棒時站得離本壘老遠；和身形不成比例的三十六盎司超重球棒……等均被視為異端，期間締造打擊率三十年內僅「洋基快艇」狄馬喬（Joe DiMaggio）能掠其鋒的成就仍讓人讚嘆。就連「神之左手」考法克斯（Sandy Koufax）被問說如何與之對決時，都不禁半認真地玩笑答道：「把球從地上滾過去。」

打擊之外，媲美榴彈砲的阻殺臂力更是一絕，連播球風格沉穩的道奇國寶級播報員史考利（Vin Scully）都誇張形容他一振臂就能將球「從紐約長傳到賓州」。而為接飛球一頭撞上結實水泥牆、不顧臉頰鮮血直流，硬是高舉手套促請裁判先喊出局、獨留全場驚愕死寂的拚勁亦不惶多讓。在實力鬥志兼備下，才入隊不久，克雷門提便注定接下新一代海賊王的指揮刀。

不單場上表現，親和力也是克雷門提深受在地球迷認同的主因。即使成名，在匹茲堡的前十年他仍寄宿於中產階級友人家中、生平摯友為在地郵差，就連到監獄辦活動都能與受刑人交好。尤有甚者，一九六〇助海盜奪冠、隊友們仍在場內狂歡時，唯獨他步出球場，親自與球迷同樂並致謝；而一九七二年球員工會力推自由球員制度時，儘管克雷門提檯面上力挺，但亦私下致信海盜、言明球涯絕不動用自由球員資格離隊。而這封信，直到他去世二十二年後才被公開。

此外，樂善好施的克雷門提也不忘回饋匹茲堡與祖國，固定接濟弱勢家庭外，更免費指導貧童打球，教球之餘也灌輸小朋友勤奮工作、公民義務與敬老尊賢等觀念。老婆薇拉（Vera）對他近乎雞婆的熱心打趣道：「**他寧願面見政府高官時遲到，也要替陌生路人換輪胎。**」

因當時拉丁球員不多，赴美後克雷門提幾乎和昔日黑人一樣備受種族歧視，被餐廳、旅館拒於門外；不易發音的拉丁名字遭媒體竄改；被用綽號貶低……等屢見不鮮，而一九六〇年表現優異卻只在MVP票選排名第八，更讓他大嘆未受尊重。

個性雖謙和，但年年歸國、子女均在祖國出生的他素以出身為榮，該挺身而出時更絕不退卻。球涯初期就他曾替拉丁同鄉和黑人隊友向球團爭取專車接送，奠定地位後除照顧後進不遺餘力，還因人權鬥士馬丁路德金恩（Martin Luther King, Jr.）的辭世說服延期開幕戰，更曾嚴詞抨擊「如果我是美國白人，將會賺

投手上壘時在三壘擔任跑壘指導教練感覺像拆炸彈，無時無刻這玩意都可能在你面前爆開來。

～曾任三壘指導教練的前明星游擊手布里吉斯（Rocky Bridges）表示投手不擅跑壘，打擊上壘後風險驟增

到更多錢」。雖不免招議，但在他勇於直言、熱心投入社會運動下，拉美球員地位漸獲改善。

「棒球之所以能維持不墜，」知名專欄作家坎農（Jimmy Cannon）曾道：「全因仍有克雷門提這樣的人在打球。」

一九七一年，克雷門提相隔十一年再度率隊力奪世界冠軍，也終於有機會擺脫球隊因市場小而被忽略的宿命、向世人證明拉丁選手的能耐。面對多位名人堂球星領軍的金鶯王朝，克雷門提大演個人秀，榮獲大賽MVP的全能表現彷彿在示範對手怎麼打球。而承諾再戰五年後，克雷門提於隔年季末完成個人，同時也是球史首位拉丁打者達標的三千安門檻，奈何約定言猶在耳，這卻成了他人生的最後一支安打……

一九七二年十一月，克雷門提帶隊赴尼加拉瓜比賽，還不忘出錢替一個弱勢孩子動手術與裝義肢。回國不久後，尼國發生逾三萬人死傷的大地震，克雷門提二話不說、義務擔任募集物資的賑災總召。

早在兩年前，他就曾說：「無論何時，若有機會讓世界變得更好卻沒去做，那就是浪費了你活在這世上的時間。」也因此，儘管月初曾作了個親睹自己葬禮的怪夢、七歲稚子更預言父親將遇空難，但是當獲知先前幾批援助遭當地政府軍私吞後，克雷門提仍貫徹助人信念，決定於除夕夜親自護送最後一批物資。

或許是決定過於匆促，克雷門提疏忽了飛機月初才因事故維修、機長也剛被解除禁飛令、地勤工程師甚至不具備專業執照等事實，加上機身超重兩噸，導致起飛不久便一頭墜入一百五十呎深的百慕達三角海底，僅餘英魂可供憑弔。

空難後，全美和波多黎各民眾如喪考妣、彷彿驟失至親好友，多數人寧可不信殘酷現實。薇拉曾說，當她獨處時，有時會見到亡夫身影；後來成為播報員的前隊友布拉斯（Steve Blass）則繪聲繪影，說從主場播報檯高處往下望，偶爾會瞥見克雷門提的身影在外野奔跑、跳躍。然而，一切終究要面對，三個月後，克雷門提成為繼悲劇英雄賈里格（Lou Gehrig）後，首位略過五年等待期、破格進入名人堂的選手。巧合的是，同年獲選的還有兒時偶像艾文；隔月，海盜退休其背號，隨後則獲頒總統勳章。

一如羅賓遜翻版，此後遺孀獨力扛起慈善事業，覓地建造棒球學校、完成亡夫遺願。該校除培育出阿洛馬（Roberto Alomar）、羅德里奎茲（Ivan Rodriguez）、威廉斯（Bernie Williams）等大球星外，也提供弱勢兒童運動以外

他是靠跑得快謀生，而我則是靠跑得慢……

～全壘打王邦茲（Barry Bonds）舉短跑健將路易士（Carl Lewis）為例，說明自己開轟後慢慢跑回本壘的行為絕非不尊重對手

的圓夢機會。

直到去世後，世人才發現克雷門提不僅人品、球品俱佳，還是個感性的藝術家。他私下熱愛陶藝、不會讀譜卻懂吹奏黑管，甚至寫了手好詩，以下名為「我是誰？」的作品，便是他某年父親節的即席創作：

我，是那滿月眼底的蕞爾小點，
只需一縷來自太陽的光束溫暖臉龐、
只需一道來自信風的輕拂甦醒靈魂，
既知兒子真心愛我，那又夫復何求？

縱使將殘機撈起以釐清失事真相的聲浪時有所聞；縱使兒子投身職棒後發出「若能像葛瑞菲父子該多好？」的喟嘆[1]；縱使總有人期待聯盟比照羅賓遜、全面退休其背號以示崇敬，但或許永沉大海的克雷門提真正希望的僅如薇拉所言：「精神隨著信風帶動的潮汐流向各方」；而永誌人們心中的，則是三十八年裡他所給予、並留在世上的一切……（正義鷹大俠）

1 老葛瑞菲（Ken Griffey）和二〇一六年入駐古柏鎮的小葛瑞菲（Ken Griffey Jr.），為球史首對互為隊友且同場出賽的父子檔。

當你有過人的打擊能力，就不需跟一般人一樣打領帶。

～大聯盟名人堂強打者威廉斯（Ted Williams）

別將任何事視為理所當然。

楚奧特（Mike Trout）

楚奧特

初上大聯盟僅十九歲，隔年起便躍身年度最有價值球員球員榜常客，迄今奪下三座美聯MVP。對棒球熱情、專注、求勝若渴，加上鄰家男孩般羞赧個性、謙遜有禮和陽光笑容而成為媒體寵兒，為大聯盟看板球員。

牆上白色窗櫺框住大片透明玻璃，下半部則是貼著磚紅瓷磚的矮牆，若非印有「吉姆午餐店」（Jim's Lunch）店名的赭紅色遮雨篷上「創始於一九三二年」的小小標記，這家二樓加蓋鐵皮屋、一開門煎肉香味和熱氣撲鼻的漢堡店幾乎就和成千上萬美國小吃店沒兩樣；稍不留神，隔壁裝飾中式飛簷的亞洲餐館還可能變成過客目光焦點。

店外街道旁的廣告夾板大肆宣傳著肉餅、熱狗和燉豆等菜色，但只要當地人都瞭，淋上濃厚肉汁的漢堡才是店內招牌，而大聯盟超級新星楚奧特，一次就能吃下六個。

在楚奧特以雷霆般打擊、迅如流星的速度，和外野美技接球竄紅之前，這間創立逾八十載的小店就像所在地——人口僅兩萬八千人的藍領小鎮密爾維爾（Millville）般籍籍無名，但這座小城其實曾歷經輝煌。二次大戰時，數以千計在歐、亞、非大陸立下功勳的P—47雷霆式戰鬥機（Thunderbolt）飛行員均在此受訓，戰後小鎮恢復平靜，只剩當地學生球隊沿用「雷霆」之名，包括了楚奧特的高中棒球校隊。

一如裝甲厚實，配載白朗寧重機槍、惠普雙黃蜂引擎，精於高速俯衝的雷霆戰機，體格媲美美式足球員的楚奧特論打擊、爆發力、速度一項不缺。二〇一二年新人球季，他便追上七十六年前由名人堂強打狄馬喬（Joe Dimaggio）締造，開季起八十一戰至少打下五十五分打點、得八十分的菜鳥紀錄，季末全票獲選為新人王，兩年後更榮膺美聯最有價值球員。曾被譽為邦茲（Barry Bonds）之後最擅於辨識來球的打者，加上驚人揮棒速度，讓他迭創打擊高峰、至今仍未見極限。

相較球界近年獨尊野手的打擊，楚奧特新人年登上盜壘王寶座的拚戰鬥志和風馳電掣，除不負「密爾維爾流星」封號，更替棒壇找回久違的震撼，讓人彷彿重返盜壘王韓德森（Rickey Henderson）、「拚命查理」羅斯（Pete Rose），甚至柯布（Ty Cobb）稱霸的年代。每每見他球衣髒污不堪，球場管理員都會忍不住搖頭笑道：「他像極了老派球員。」而憑藉驚人腳程和敏銳直覺，楚奧特亦不乏精采守備，菜鳥年某次攔截全壘打球的經典瞬間被輸出裱框、擺在家中，造訪的《運動畫刊》記者不禁盛讚：「這可以擺進專屬於接殺美技的羅浮宮」。

成績耀眼外，溫和害羞、經常笑臉迎人的他人氣更是一等一。除了新人年起四度連莊明星賽，高中時期的舊手套在二〇一三年被拿出來拍賣，竟從一千元美

某天對上我們隊時他打了顆比太陽還高的超級飛球。因為實在太高了，我們九名野手都喊聲準備要接球。

～前馬林魚教頭唐納利（Rich Donnelly）形容打破高懸37年單季全壘打紀錄的麥奎爾（Mark McGwire）怪力驚人

金底價一路喊到近一萬六千元，比起當年宣布退役、備受崇敬的救援王李維拉（Mariano Rivera）實戰手套結標價高出上千元，足見其受歡迎程度。

關於打擊，楚奧特曾說：「重點在於我踏上打擊區時只要想著打全壘打，那就百分之百會出局。」在盛行數據分析的潮流下，賽前只回顧和對方先發投手對戰畫面、不深研投球習性的特立獨行，充分反映了楚奧特凡事追求簡單的性格。

快速成功除了起初讓他上場打擊時覺得「彷彿踏進電玩場景」、驚嘆於入選明星賽「實在有夠扯」之外，並未帶來太多改變。某次定義「何謂成功」時，他回答：「別將任何事視為理所當然。」雖身處充滿誘惑的大城洛杉磯，優異表現更讓他二十二歲便簽下一億四千多萬美元鉅約，他卻未迷失於金錢或名氣，依舊是那個南紐澤西的小鎮少年。才拿到新人王獎金，他就捐款給家鄉高中整建球場；一進球場必定和包括一般工作人員在內的所有人問好；賽前則固定打電話給母親，接著傳簡訊告知她即將上場。

「我五歲的兒子喜歡和他一起打乒乓球，」前隊友坎崔克（Howie Kendrick）形容楚奧特就像個大孩子：「而我老婆說：『我不太了解他場上的成就，但因為他的本質和對待他人的態度，所以我喜歡他。』」

季後回到老家，楚奧特照常熱愛打獵、釣魚；到「吉姆午餐店」海嗑六個漢堡；就近至社區健身房訓練；和一起長大的同伴打電動，並與家人維持緊密關係：包括曾是小聯盟選手的老爸傑夫（Jeff）、老媽戴比（Debbie）、兄姐、姪子和姪女，和家中那隻三條腿的狗。若要說致富後有任何揮霍，大概就是貼心送了部休旅車給戴比當母親節禮物，以及買了塊一百二十公頃的農地自建、準備搬出父母家。

是的，坐擁千萬年薪、已滿二十四歲的楚奧特直到二〇一六年年初，才將他擺在父母家的各式紀念獎盃；塞滿一只只長統襪寄回來的其他選手簽名球；車庫裡打獵用的越野卡車、工具，和明星賽最有價值球員的獎品——一部雪佛蘭銀色跑車統統搬回新家、徹底脫離雙親羽翼。「這裡是他想待的地方。」傑夫笑道，看來即使兒子要繼續賴在家也不成問題；但其實搬不搬根本沒差，因為新住處離老家才幾分鐘車程不到。

楚奧特笑口常開，或許是因為周遭無憂的兒時環境從未改變。「我總是正面樂觀，這是我球涯當中最重要的事……我認為自己的成功源自於謙遜，無論你是打了四支安打、兩支全壘打，或是怎樣的都不該自誇；你就是上場，然後做該做

強森（Randy Johnson）主投時，他們甚至不需要你。

～某主審對強森搭檔捕手維利（Dave Valle）開的玩笑，卻一語雙關帶出「巨怪」強森早期兼具壓制力與控球差的特質。

的事。」

稍有資歷的球迷，或許會覺得此話頗耳熟；沒錯，被譽為上個世代球界看板的洋基隊長基特（Derek Jeter）在長達二十年球涯中，幾乎隨時可聽他道出這類謙虛中見自信的話語。但即使不少人替至今只拿過一座MVP獎的楚奧特抱不平、直指他早該四連霸該獎項，另方面卻也有人說他還搆不上兒時偶像基特的球壇符號形象。權威體育媒體ESPN甚至拿同期瑜亮哈波（Bryce Harper）來比較：「作為一個球員，兩人並駕齊驅；但楚奧特的公眾魅力卻完全沒得比。」

「有人說他欠缺爭議性，」老爸傑夫一語道出質疑者的看法：「覺得他不夠引人注目。或許他們是對的，畢竟這是他們的觀點和權力；但就我而言，這樣就不是他（指楚奧特）了。」

二〇一四年四月十九日，楚奧特歷經了升上大聯盟以來最慘痛的一役，四打數都被三振，其中包括賽揚強投薛澤（Max Scherzer）賞給他的三張老K。賽後他臉上不見懊惱或悔恨，向隊友自嘲幾句後便低頭滑手機，另一端是家鄉好友麥馬洪（Jon McMahon）的傳來的訊息：

麥馬洪：你今天表現得像我大三那年的某場比賽。

楚奧特沒回應，對方接著傳訊。

麥馬洪：我的夢幻棒球隊[1]被你搞掛了啦！

楚奧特：ＬＯＬ（表示張嘴大笑）

隔天的首打席，楚奧特又被三振，「我忍不住笑了出來，下個打席就告訴自己：『嘿，放輕鬆點。』結果揮出斷棒一壘飛球被接殺，但振臂自我激勵：『很好，擊中球了！』棒球就是如此教人謙卑。」儘管該役同樣沒建樹，楚奧特卻正朝締造打點高峰、力奪最有價值球員獎的完美賽季邁進中。

若無意外，你我正見證一個傾注所有熱情於棒球場，總是保持著簡單、樂觀和謙遜的大男孩，逐步形塑球壇新樣貌、預約未來傳奇的進行式。（正義鷹大俠）

1 夢幻棒球隊為一款網路棒球策略遊戲，多位玩家組成聯盟並模擬教頭職務，透過選秀挑進現役球員，並隨球員真實球季的表現累積成績、分出高下。

有西斯汀大教堂那麼高。

～鬼才教頭梅登（Joe Maddon）被問到天使強打楚奧特（Mike Trout）未來發展極限（天花板）時，以天花板繪有藝術巨匠米開朗基羅作品的西斯汀大教堂喻之。

假如人生能重來，我會想要多交些朋友。

柯布（Ty Cobb）

柯布

生涯打擊率三成六六為大聯盟史上最高、連九季打擊王成就樹立逾百年無出其右，盜壘數名列生涯榜前五強，球史最全能打者稱號當之無愧。一九三六年棒球名人堂甫成立便入龕，得票率為當屆五大上古神獸之冠，甚至高過「棒球之王」貝比．魯斯（Babe Ruth）。

遠在魯斯以一發又一發全壘打終結投手稱霸球界的死球年代（Dead-ball Era）之前，大聯盟舞台的主角名份幾乎專屬於柯布。身形精瘦、嚴肅無趣，憑藉努力擦亮招牌的柯布，和懶散、體型超重，成功有如唾手可得且性好酒色的魯斯完全是相反類型，卻同樣擁有強悍的打擊才華。

生涯揮出近四千兩百支安打、紀錄直到快一甲子後才被打破的柯布，對於全壘打驟增改變了棒球史不以為然，認為自己不是不能、只是不想打紅不讓。聽來或許有點酸葡萄，但某次為了證明自己，他特地將握棒時習慣略為分開、以利控制球棒的雙手併攏，立刻單場轟出三響砲並締造美聯壘打數新猷。隔天再追加兩轟，而當時他已「高齡」三十八歲，再過三年就要高掛球鞋。

縱橫棒壇二十四個年頭，柯布退休時留下多達九十多項紀錄，包括前無古人、後無來者的十二座打擊王；四度達標單季四成打擊率；成為美聯史上第二位打擊三冠王……等，以及迄今無人能掠其鋒的生涯打擊王頭銜。就連球涯後期轉任教頭，他都能帶出四度名列打擊率榜狀元的高徒希爾曼（Harry Heilmann）。曾單季豪奪三十四勝的紅襪傳奇投手伍德（Smoky Joe Wood）讚嘆：「如果有個聯盟層級比大聯盟還高，那裡頭的成員肯定只有柯布一人。」手擁七枚亮晃晃

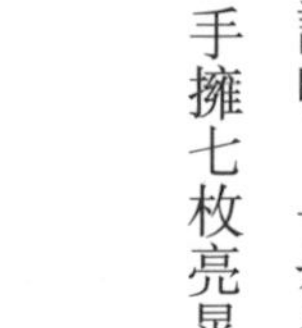

我們真需要280個牌子的早餐穀片嗎？可能不。之所以有這麼多選擇是因為：有些人喜歡。這和棒球數據是一樣的道理。

～對於不斷衍生推出的各式數據，就連棒球統計大師詹姆斯（Bill James）亦不置可否。

冠軍戒的名人堂教頭史坦哥（Casey Stengel）則直言「這傢伙簡直不是人」。

柯布繼承曾任議員、校長的父親基因，天資聰穎，愛上棒球後將腦筋發揮在場上。在棒球被用到破損不堪才丟棄，且缺乏照明導致不易搶分的年代，他細察場上變化，設法將球觸擊到三不管地帶以利上壘。腳程雖非頂尖，但確實量測過自己在壘包間的速度，安打後便能靠當機立斷的敏捷思緒多搶下至少一個壘包。此外，擅於突破投手弱點除有助於提升打擊率，對盜壘亦大有幫助。靠頭腦推進甚至搶分的絕活甚至被戲稱為「腦袋長在腿上」。

儘管策略、膽識兼具且頻出奇招奏效，同為名人堂級的隊友克勞佛（Sam Crawford）甚至盛讚：「他不是打贏對手，也不是跑贏隊手，而是用頭腦勝過他們。」但真正讓柯布揚名立萬的，仍是極具侵略性的暴力式跑壘。舉凡滑壘時撞翻野手，或是高抬釘鞋、直朝防守員而去都只是家常便飯；據傳就連坐在休息室，他都會當著對手面前磨利釘鞋，加上不苟言笑、鷹隼般冷眼像是能瞪透他人思緒，總惹得對手心裡直發毛。他曾說過即使比數大幅領先，冷酷滑壘照樣不變，為的是要「在對手心中種下恐懼的種子」。

說到柯布，魯斯不諱言他是「球史最難纏粗暴的人」；推倒球界黑白種族藩籬的傳奇總管瑞基（Branch Rickey）則說柯布一旦站上球場，為求勝利不擇手段的拚勁彷彿「這是他生命的最後一天」。詩人奈許（Ogden Nash）則於作品中直書：「他讓所有的野手，都恨不得自己從未出生過。」

因跑壘劃傷運動家隊三壘手，柯布一度成為費城全城公敵，還接獲死亡威脅信件，搞得出入球場得動員警用機車護衛，他守備的外野和看台間更站了一整排警察以隔離球迷。一九一〇年季末，打擊王爭奪戰進入白熱化，略有領先的柯布最後兩戰決定休賽、以逸代勞，孰料競逐者拉裘伊（Nap Lajoie）的對手球隊教頭不爽讓他如願，故意要三壘手退到內外野交界處、讓拉裘伊連續七打數點出安打並超車奪冠。形同作弊的行為最後雖不被聯盟認可，卻可見柯布的人緣之差。

柯布曾說自己不喜歡失敗：「我有滿腹熊熊戰火，當老二我沒興趣。」之所以求勝意志強烈，與其成長背景大有關係。從小柯布便視父親為偶像，儘管沒達成行醫或律師的期待，但獲得諒解後才開始打球的柯布卻自此將老爸「沒成功就別回來」的告誡奉若圭臬。無奈正當他嶄露頭角，父親卻慘遭母親以手槍誤殺，盼著為父爭光的他登時萬念俱灰，即使不久後被老虎隊延攬，仍頓覺人生失去目標。

對我來說，能打棒球就是一種幸福。

～前日本女子棒球選手片岡安祐美

療傷與沉潛後，柯布決心為父親而戰，只許成功不許失敗的最高作戰原則亦就此成形。此外，菜鳥時期幾度受到戲耍，一般新人或許笑一笑就忍過去，奈何易怒的他非但無法適應，還認為這是「最卑劣的羞辱」，直把隊友當仇人，最後成了匹桀傲孤狼。某位隊友就說：「再無害不過的俏皮話只要柯布在場，通常就會演變成一場激鬥。」

不只難相處，自我中心且缺乏耐性也導致他常與人為敵，族繁不及備載的案例包括因不服判決公開找裁判單挑；衝上看台痛毆只有一隻手的肢障球迷，從小接受南方種族歧視思想更讓他幾度在場外與黑人發生肢體衝突，甚至鬧上法庭；就連對方是女人也毫不留情勒住人家脖子，直到隊友看不過去、賞他一拳才罷手。

退役之後，除了累積了洋洋灑灑的紀錄，柯布也因投資得當與球員時期受惠於新聯盟競爭賺進可觀財富。除曾是大聯盟最高薪球員，他更早在投資之神巴菲特之前便買進可口可樂、通用汽車等股票，紀念品和簽名會也帶進不少收入。據估計在他一九六一年辭世時，竟坐擁一千兩百萬美金的驚人身家。

即使擁有崇高棒壇地位和財富，退休後的柯布卻不快樂。脾氣使然，兩任妻子均以離婚收場，和子女關係也異常疏遠，生活失意讓他寄情於酒精，脾氣更暴躁無常。去世前一年，柯布受邀至曾是自己粉絲的麥克阿瑟將軍家作客，卻待沒兩下就想走人。臨行前，麥克阿瑟難過地搭住他的肩、請他多留一會兒：「也許這輩子我們沒機會再見面了。」他甩開老將軍的手、冷冷道別，出了門還向隨行友人抱怨：「真是個感情用事的死老頭。」

儘管晚年因為支持種族平權稍微扳回形象；也有後人認為在死球年代，為求得分不擇手段乃常態、並非柯布獨有；甚至提出當年球具短缺，在場上拿銼刀磨掉釘鞋上鐵鏽再合理不過，卻被誇大為攻擊狂；以及柯布常以書信指導後輩……等事實意圖平反其惡名，但無論後人如何解釋，柯布的人生，到頭來還是得要自己承擔……

一九六一年開季，七十四歲的柯布風塵僕僕赴洛成晉職棒新軍天使隊開球。他雖為前列腺癌所苦，仍寧可盡量外出，而非孤零零的待在家，就算缺乏安全感的他出門總不忘帶著裝滿上百萬美金的紙袋，還有那把魯格手槍以免遭人覬覦，「哪裡會有人關心我呢？」他曾這麼喃喃地問著。

三個月後柯布撒手歸西，葬禮辦在他從小長大的小鎮上，約有四百人出

嘗試去挑戰，總會有成功或是失敗，但不去挑戰是連成功的機會都沒有的，我試過很多次，不去挑戰是成不了任何事情的。

～帶動之後日本及亞洲籍球員旅美風潮的日本棒球選手野茂英雄

席，多半是他成立的少棒基金會資助的小球員們，至於選手時期並肩作戰的隊友，卻只有三個人現身。

離世前不久，某位探訪者問他，若這輩子重來會怎樣？「我會做些不同於以往的事……我會想多交些朋友。」柯布回答。

逐漸步入生命盡頭的他，心裡或許再清楚不過：人生，只能活在當下，想重來，怕是再也不能夠了……（正義鷹大俠）

棒球是唯一一種人們可以十次只成功三次，卻被認為是好選手的活動。

～大聯盟名人堂強打者威廉斯（Ted Williams）

我沒有在和這支球隊為敵時，依然可以竭盡全力投球的自信。

黑田博樹

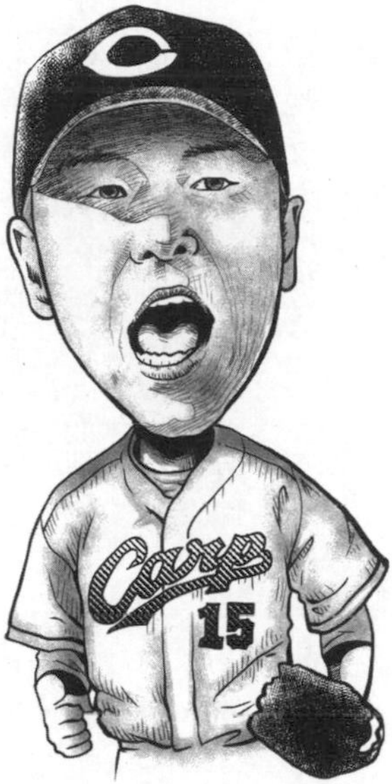

黑田博樹

出身廣島東洋鯉魚隊的日籍投手，二〇〇五年、二〇〇六年先後拿下日職央聯勝投王、防禦率王，兩年後轉戰大聯盟。赴美七季奪下七十九勝、日本投手中僅次於野茂英雄，防禦率於投球超過七百局的日籍投手中居冠。二〇一四年季後拒絕大聯盟高薪，毅然重返廣島隊，情義表現掀起一陣迄今未歇的「黑田旋風」。

二〇一四年九月二十五日，大概全地表的棒球迷都知道這是啥日子——「洋基隊長」基特（Derek Jeter）球涯主場終戰。主場賣了個滿座外，就連天際彩虹乍現都被媒體冠上「獻給隊長」美名。相反的，世上卻僅有一個人明白，這也將是某人的大聯盟最終試合。而那個人，正是投手丘上先發的黑田博樹自己。

九局下半，當天賽後被重播過不知多少遍的時刻終於到來。在洋基救援王羅伯森（David Robertson）意外敗掉黑田留下的三分領先、讓金鶯追平比數後，基特一記招牌反方向穿越一、二壘間的再見安打，伴隨隊長繞壘時驚喜交加的雀躍，瞬間成為永恆。

在全場喝采聲浪湧向終身洋基人基特的同時，主投八局被敲三安、無四死且派出九張老K，寫下該季個人最佳表現的黑田卻若無人聞問。望著眼前歡騰，這名登板時總擺張撲克臉、眉間盡是滄桑的大叔內心明白，屬於自己球涯尾聲的那座主舞台，並非現下這繁華的世界中心紐約，而是橫越太平洋彼端，盼著遊子情義歸鄉的廣島……

不似近年在大聯盟發光發熱的達比修有、田中將大等人在高中時期便已是甲子園之星，黑田雖投身大阪棒球強權上宮高校，父親又是曾活躍於南海鷹等球隊的職棒選手，但當年卻只是上場消化次要比賽的候補輪值。不合理操練和學長學弟制的霸淩除讓他差點放棄學業，還因此罹患投球失憶症並陷入惡性循環。某次遭對手痛擊後甚至連續四天被罰從早跑步到晚，非但不准洗澡，就連水也沒得喝，理由是「鍛鍊球場上求生所需的免疫力」。帶著渾身臭汗、精疲力竭的他只能趁教練沒注意稍歇，並期待隊友在用餐時間偷偷準備的飯糰和水，憶及過往，黑田搖頭道：「那是我喝過最甜美的水，遠勝任何五星級餐廳。」

儘管因父親要求教練「加強鍛鍊兒子」而曾自嘲「原來敵人藏在家裡」，黑田卻也是在老爸要求下才沒放棄、通過專修大學選秀以延續棒球路。由於校隊實力不強，黑田一入團便扛下主力，因而在無意中被前往偵查學長的現任廣島球探長苑田聰彥發掘。儘管未脫生澀，苑田卻對黑田印象深刻：「他的個性很適合打職棒，練習絕不偷懶、又不服輸。」

初入校隊時雖被教練評為「看得出內心脆弱」，不久後苑田卻證明其獨到眼光。出賽機會驟增下，黑田不但磨出霸氣與膽識，一手火球時速也上看一百五十公里，大老遠上山偵蒐的球探越來越多，但在重情份的黑田心中，最早賞識自己的鯉魚隊雖非名門或強隊，卻是始終不變的志願。果不其然，一路帶領球隊實力

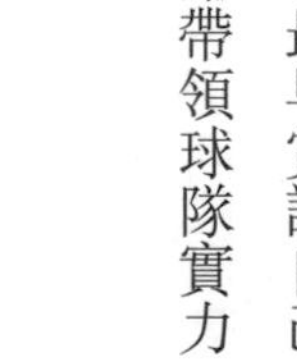

我不懷疑裁判的人格，我懷疑他們的視力。

～大聯盟名人堂教練杜羅秋（Leo Durocher）

升級的黑田在一九九六年選秀會中，以逆指名方式主動投入人稱紅色軍團的廣島麾下。

入隊後黑田先進二軍磨練，雖未立刻大鳴大放，所幸由廣島地方政府和在地企業出資、銀彈有限的鯉魚隊因無力灑錢簽大球星，因此對新秀向來以耐心聞名。一如學生時期，逐漸嶄露頭角的黑田晉身一軍，並於堪稱球涯分水嶺的一九九九年洲際杯中連克南韓和中華隊後蛻變為王牌。自逆境上游的他，也因此在情感上和培育自己的鯉魚隊連結更深，甚至在職棒分工下獲得「完投先生」的苦力暱稱仍無怨言，「我從沒享受過打球。倒不如說，盡到職責才是優先。」苦過來的黑田如是說。

效力廣島之初，黑田曾與病重母親約定要在和日職第一名門巨人隊的首戰勝出、實踐承諾後母親終能含笑離世的真情表現不但讓人動容，此後每逢對上巨人便燃起旺盛鬥志的他亦自此獲封為「巨人殺手」。而就在獲得自由球員資格的二〇〇六年，他再度感動了萬千廣島球迷。

接續前一年力奪勝投王的好手感，該季黑田以一點八五防禦率寫下央聯十七年來新低，優異表現也引來各球團垂涎，據傳最高開到四年二十億日幣爭取加盟。基於財務考量，從自由球員制度實施迄今二十二年皆未援此增兵的廣島幾乎一開始就放棄競逐，據傳球團方還洩氣表示：「就算把銀行裡的每分錢都領出來，也只出得起十二億。」

當年季末最終戰，即使廣島排名倒數第二、勝差落後奪冠的中日更超過二十場，廣島市民球場內仍擠進滿滿球迷，為的正是親睹可能為黑田離隊前的最終戰。場中多數人手舉紅底白字的一五號黑田背號看板、看台望去盡是一片豔紅，更醒目的莫過於右外野一幅十公尺乘七公尺、宣示著將與黑田繼續奮鬥，「直到光輝燦爛的那天來臨；若你流淚，我願化作你的眼淚」的輸誠標語。就在這刻，深受感動的黑田已決定續留，並於事後回應：「無法想像自己穿著別隊球衣……我沒有在和這支球隊對決時，依然可以盡全力投球的自信。」

若您覺得此番真情告白出自身高一米八五、霸氣飆球的壯漢已夠感人，那隔年當黑田決定赴美逐夢、於告別記者會上不捨拭淚的畫面鐵定更動人心弦。即使離開，他仍許下廣島將是球涯終點站，且絕不加盟其他日職球團的義氣承諾。

鯉躍龍門登上大聯盟後黑田很快站穩輪值，首季便演出道奇隊史二十四年來首位將完全比賽帶進第八局的全新傳說，更讓從未見過自由球員回鍋的鯉魚迷們

每個夢想成為棒球選手的小孩子都會拿著球棒站在院子裡，告訴自己「世界大賽，九下，滿壘」，然後夢想自己打出致勝全壘打，我的工作就是粉碎這個夢想。

～大聯盟著名救援投手史崔特（Huston Street）

不敢奢想黑田歸建。但從跌破眾人眼鏡、棄水手而選擇好友齋藤隆效力的道奇加盟；拒四年長約、只簽三年約的美職首季起，以至於其後一年一約的舉動觀之，仍不難一窺其真性情與隨時準備回效廣島的意志。

二〇一四年底，在隊友基特告別主場一役中表現亮眼、該季為洋基輪值二當家的黑田雖已年屆不惑，季後仍收到教士一千八百萬美金的年薪報價。令人驚訝的是，最終他竟選擇廣島未達三百五十萬美元的薪資，來回金額相差不只五倍。「回廣島投出最後一球，心中遺憾會少一點。」亟欲補償赴美七年空窗期的黑田，於返隊記者會上直陳。

在重然諾的情義表現，以及同年廣島發生土石流後默默捐款逾千萬日圓，甚至親赴災區打氣等消息催化下，黑田的歸鄉迅速掀起旋風，媒體一片「真男人」、「救世主」稱號外，八千多張季票秒殺、廣島市內隨處可見「歡迎回家」標語、球衣和球場便當熱銷，銷售冠軍樂團「B'z」則為他量身打造出場曲，初登板轉播更締造近四成收視熱潮。

在首季繳出央聯防禦率排行第七、勝投高居前六強的佳績後，年紀比勝投王強森（Kris Johnson）多出十歲，甚至比排名第五的藤浪晉太郎年長二十歲的黑田非但證明自己頂尖身手依舊，還和隊友前田健太、強森共組先發三本柱，替廣島打下二〇〇八年離隊迄今距聯盟冠軍隊最少的六點五場勝差。

二〇一六年即使前田離隊，四十一歲的黑田依然一肩扛起重擔向前衝，不但在七月份拿下美日生涯累計第兩百勝，當天還豪氣表示談退休太早，因為「還要帶領球隊奪冠。」九月十日，重然諾的他終於在回國兩年後實現承諾，用勝投率領睽違聯盟冠軍四分之一個世紀的廣島登基，賽後和另名回鍋老將新井貴浩相擁而泣的一幕令人動容。即使接下來面對張力、對手更強的季後賽，即使個人成績沒前一年亮眼，但誰又能說得準這個站上沙丘不為寫下美好回憶、只求扛起承諾的老派男子漢，未來又能寫下多少驚奇？（正義鷹大俠）

美國人是以每一年十月的世界大賽，來為自己的生命分章節。

～美國前總統小布希

上帝知道，我是個名人堂棒球員。

邦茲（Barry Bonds）

邦茲

繼承五度達標單季三十轟、三十盜的父親老邦茲（Bobby Bonds）血統，因能打、巧守、俊足而被譽為最強全能棒球員。高踞浩瀚球史榜首的七百六十二轟和六百八十八次故意保送，足見其打擊能力之備受敬畏。可惜和禁藥畫上等號後被歸入球壇黑暗史、迄今未能翻身，成為禁藥世代最鮮明且難堪的印記。

大學時期，天賦橫溢的邦茲在某次接受腳程測試時開輛敞篷車、穿雙網球鞋便赴約，看似沒準備卻一派輕鬆。才剛下車、連暖身都沒做，一上場就跑出四十碼六點四秒佳績。當下巴差點墜地的球探不敢置信、連忙要求重測時，「免了，這樣就夠了。」語畢邦茲便跳上車絕塵而去，獨留不知所措、愣在當場的球探。

兩年不到，邦茲已晉身海盜隊大物新秀。在小聯盟磨練不到一個完整球季，優異表現便吸引總管史瑞福特（Syd Thrift）來到3A，想瞧瞧這名新人有何本領。眼見高層蒞臨，邦茲當然不放過機會，打擊練習時連續將五、六顆球輕鬆拉擊成右外野全壘打。儘管心中竊喜，史瑞福特仍不願輕易示弱：「我告訴他，任何好打者都能這麼做。」

聞言邦茲二話不說、立刻折返打擊籠，將接下來五顆紅線球依序扛出左外野大牆再回頭道：「那這樣夠好了吧？」史瑞福特登時語塞，只得留下來繼續觀察。直到第五局，他終於再也忍不住，直接叫教練把邦茲換下場：「我今晚就要把他帶回匹茲堡。」

憑著初生之犢的膽識，邦茲剛上一軍便以優異成績名列國聯新人王票選第六強，隔年開幕戰更吸引平日僅五、六千名觀眾的主場擠進逾五萬名球迷，人氣不

（全壘打）打那麼遠，能算兩支嗎？

～大聯盟明星強打者吉昂比（Jason Giambi）

言可喻。更強的是他毫無怯戰或退步的新人症候群，反而順勢締造生涯首波高峰，一九九〇年起更於三年內兩度獲選國聯最有價值球員，並率領海賊軍團闖進睽違十一年的季後賽。

不只腳程如風，打擊更是邦茲強項。能打能轟的全方位表現，曾讓勇士隊三巨投之一、擅長智取打者的葛拉文（Tom Glavine）明言關鍵時刻幾乎不考慮與之對決；而並列勇士投手王國支柱、被譽為控球之神的麥達克斯（Greg Maddux）更直白道：「只管保送邦茲就對了。」此外，起步完美、傳球迅捷精準，加上衍生自腳程的廣闊守備範圍，則助邦茲奪下八座金手套獎，據傳就連名人堂安打機器、生涯累積逾三千安的關恩（Tony Gwynn）碰上他時，都得特地換支球棒打擊，足證邦茲防守功力之強。

邦茲曾半挑釁地表示：「說一件球場上我做不到的事，然後我會秀給你看，證明我能辦到。」自信中傲氣不減。其實除了天賦，出身也是養成他性格自我的推手。父親老邦茲球員時期五度達陣單季三十轟、三十盜的成就雖前無古人，但長期於傳奇球星梅斯（Willie Mays）陰影下打球卻讓他的光芒顯得黯淡，甚至抱怨：「『受歡迎』很重要嗎？我所認識的超級巨星中，沒人覺得這是重點。」至於教父梅斯球涯後期同以冷漠著稱，無形中形塑了邦茲孤高倨傲的態度。海盜時期的同袍范斯萊克（Andy Van Slyke）便形容：「對他而言，被喜愛與否從不是重點；像是宗教狂熱般，他只求人們依據場上表現來評斷他。」

好成績不只球迷買單，球團也在戰績和票房雙重考量下不得不遷就邦茲，量身打造球隊陣容、找來「好相處」而非實質補強戰力的選手，甚至不惜為他開除教頭。儘管如此，從高中時期就被教練形容為「假如你不是他小圈圈裡的人，或許會覺得很有疏離感」的邦茲，成名後狀況愈發嚴重，不只曾和隊友在飛機上大打出手、享受隨隊私人工作人員等特權，媒體甚至拿二十五人名單大做文章，戲稱全隊可分成「二十四個隊友」和「一個邦茲」兩大派系，挖苦他自我隔離的孤僻行徑。

媒體關係之所以緊繃，和邦茲喜怒無常、注重隱私的性格脫不了關係。生涯早期因常被拿來與父親做比較，導致故意和記者唱反調；好友波尼亞（Bobby Bonilla）轉至大都會隊後，邦茲則公開表示受不了苛刻的紐約媒體「傷害」好友，此話一出瞬間得罪所有紐媒；更遑論多次揚言媒體得靠他生存，而自己最愛看記者在更衣室裡「搖尾乞憐」追新聞的樣子。相較被媒體被扣上「最令人厭惡球員」

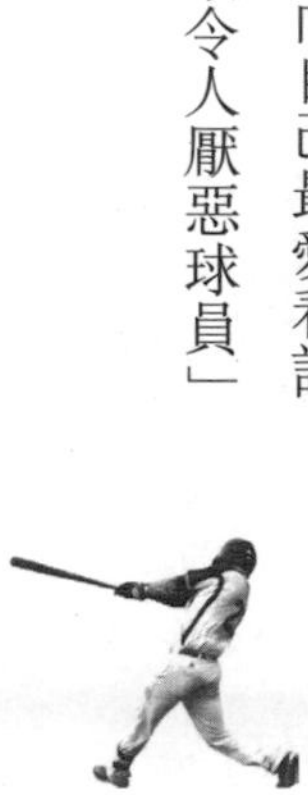

有人為了科學奉獻身體。我為棒球奉獻我的身體。

～生涯遭到 243 次觸身球的亨特（Ron Hunt）

的帽子，也就不足為奇了。

縱使備受責難，邦茲卻彷彿具備化批評為動力的能耐。一九九三年轉隊至父親發跡的巨人後，立刻雙雙寫下生涯新高的全壘打和打點數並勇奪打擊雙冠王、連莊國聯最有價值球員，還帶領近年戰績不佳的巨人直取分區榜眼，儼然球隊救世主。二〇〇〇年起五年間，已屆三十五歲的他非但未見老態，更以七十三轟刷新單季紀錄，四連霸最有價值球員大獎放眼球史更絕無僅有，無怪乎能豪氣表示：「這些批評讓我抓狂，但我因此打得更好。」

就在同一段時間，位於舊金山的灣區實驗室公司巴而可（BALCO）因涉嫌非法提供禁藥給運動員遭搜索，最終被起訴者包括兒時好友兼健身教練安德森（Greg Anderson），邦茲因而被傳喚作證。在法庭中，邦茲坦承曾無償使用安德森提供的凝露和藥膏，雖推說不知這是禁藥且只用了一段時間便停藥，卻仍掀起滔天巨浪，幾乎間接坐實了外界對他長打能力為何隨年齡增長不降反升的質疑，以及體格和頭圍莫名壯大等揣測。

儘管又陸續有球員、情婦甚至記者出書爆料邦茲用藥成性，還因此催生出撼動棒壇基業、點名數十位涉禁球星的「米契爾報告」（Mitchell Report），但由於關鍵證人安德森堅不吐實，避過風頭的邦茲得以在生涯後期全壘打能力狂增下，超越全壘打王阿倫（Hank Aaron）的生涯七百五十五轟紀錄。奈何孤傲、人緣差且身陷禁藥風暴的他非但破紀錄前每赴客場便可見看台上佈滿「騙子」、「類固醇」等奚落標語，締造新猷當晚原紀錄保持人阿倫和聯盟主席也未到場祝賀，《運動畫刊》甚至揶揄主場的慶賀儀式宛如「搶完銀行還開趴直播數錢實況」，榮光背後盡是不被祝福的難堪。

登基生涯全壘打王同年底，邦茲因涉嫌在巴而可案中作偽證以及妨礙司法公正遭起訴，當年雖仍有二十八轟表現，季後卻被大聯盟同步封殺，就連效力十五年的巨人隊都無意續約，只得黯然被迫退役。

沉寂五年後，邦茲的姓名因為出現在名人堂候選榜單上而再度喚醒人們的記憶。不出所料，首度投票中他僅獲得棒球記者們三成六支持率，距離七成五的入選門檻差距仍大。往後幾年，除了接連被名人堂拒於門外而登上新聞版面，試圖重返球壇的他也接下巨人春訓客座教練職務，並開設運動中心指導職棒選手，昔日巨星光環已然褪去。

二〇一六年年初，在作風向來惹議的的馬林魚老闆羅瑞亞（Jerffrey Loria）

生命不欠我什麼，棒球也不欠我什麼，但我不能快樂獨活，對水深火熱中求救的同胞，也不該視若無睹。

～大聯盟現代史上第一位非裔美國人球員羅賓遜（Jackie Robinson）

力邀下，邦茲決定重披球衣、接下該隊打擊教練一職。春訓的入隊記者會中，儘管新教頭馬丁利（Don Mattingly）執教資歷更深，鎂光燈焦點仍不免落在這位全壘打王身上。雖未觸及敏感禁藥議題，仍有記者忍不住問他：「你覺得自己是個名人堂球員嗎？」

問題甫落，邦茲便侃侃而談：「這件事情我沒有預設立場，但我知道自己是個名人堂球員，而不需要真正進到古柏鎮。」接著不忘暗貶沒投票給他的記者們：「決定權在你們（指記者）手上，我跟你們是不同國的；在我們這一國、也就是大聯盟，我相信沒有一個球員或教練能坐在這裡，說我不屬於名人堂。」

最後，邦茲直視上天、目光中傲氣乍現即隱：「但我的內心、靈魂和上帝，都知道我是個名人堂球員。」

曾試圖扮演上帝、藉藥物逆天而行的闇黑全壘打王，誰知道他所信仰崇敬的那個神，指的會不會又是自己？（正義鷹大俠）

球隊最重要的是文化，這是需要五年、十年去累積的。

葉君璋

葉君璋

出身於味全龍隊，離開職棒後自費前往美國小聯盟學習，並獲得印地安人的青睞留用，對台灣年輕球員影響頗大，擔任教練期間將最新的訓練方式引進台灣，也獲得球員好評。

認真看下來，葉君璋大概是全台灣最不「傳統」的教練了，儘管他出身在元老味全龍的體系中，但是退休後的精彩經歷，為他開拓了不同的視野，他不把戰績擺在第一位的觀念，未必見容於講究立即績效的中華職棒，但或許能為台灣棒球，帶來點不一樣的衝擊。

味全解散後，葉君璋經歷了興農、兄弟兩支球隊，隨著沒有被兄弟續約，他開始思索自己的未來，的確，以他的資歷與名氣，在基層棒球甚至是職棒圈找份教練的工作，應該不是難事，從年輕時代就善於理財的他，也不像許多球員揮霍成性，早早就累積好自己退休後所用的資金，要轉行做點生意也沒什麼問題。

但重點是，自己想要的是什麼，葉君璋很想要對棒球有多一點貢獻，但如果直接去當教練，他問自己：「我能給球員什麼？」他不願再把過去傳統土法煉鋼的錯誤訓練方式，再加諸在下一代的球員身上，運動科學與觀念是日新月異的，只是我們習慣把自己關起來閉門造車，導致實力與日、韓差距愈來愈大，為了終止這個現象，葉君璋決定跨出一大步。

因緣際會下，葉君璋得到了到印地安人小聯盟擔任教練的機會，即使語言不通，他也決定讓自己去挑戰看看，畢竟過去從來沒有中職退休球員，敢一口氣飄洋過海，到集世界棒球知識於大成的地方去看過，如果自己可以在那裡待上幾年，一定可以帶回一些不一樣的東西，他是這麼想的。

印地安人隊看上葉君璋的部分原因之一，也是在於他們小聯盟體系有不少台灣球員，他們陸續簽下了包括江少慶、朱立人、陳品學、張育成等小將，如果有一個來自台灣的教練擔任溝通橋樑，對於球員的成長可能會事半功倍，在這樣雙方都得以互惠的完美情況下，葉君璋成功地前進美國，展開了他的成長之旅。

三年的時間下來，他不僅與這批小將們培養出良好的默契，同時葉君璋將美式的鼓勵式教學加入自己的台式細心風格，讓球員們在有需要時，可以得到最即時的幫助，遇到低潮時，也有個能與自己語言相通的對象能夠咨詢，一段時間下來，都獲得長足的進步，到印地安人後才轉任全職捕手的朱立人就說：「有葉教練在那裡，整個人都安心不少。」

在這段小聯盟的日子，葉君璋體會到為什麼小聯盟被稱為「農場」，因為在這個階段的球員養成，關係著一支球隊的未來競爭力，他學到了擔任一個教練，目的在於幫助球員成長，而非將戰績的壓力加諸在球員身上，愈能夠耐心地等球員發展出屬於自己的樣子，這個球員就能走得愈久，球隊能得到的回饋也愈大，

人生在世得要有遵循目標，無論過一天一輩子都一樣。我的目標是要聽人們說「現在登場的是最偉大的打者，Ted Williams」。

～大聯盟名人堂強打者威廉斯（Ted Williams）

這與台灣講求「即戰力」的想法大相徑庭。

得到滿行囊的收穫，葉君璋的下一步，就是回來台灣將他的所學應用在實務上，他先到Lamigo擔任了兩個月的客座教練，隔年他獲得義大犀牛的邀請，在美國的教練之餘，開始擔任球隊的管理職，二〇一五年季中開始正式接任球隊的總教練，這個時候的他，開始得把戰績、培養球員一肩扛了。

談到自己帶兵的哲學，還是跟他在美國學到的養成脫不了關係。

「球隊最重要的是文化，這是需要五年、十年去累積的。」一般的總教練講到球隊，總是脫離不了戰績、總冠軍這幾個名詞，但是葉君璋知道，勝敗乃兵家常事，得塑造出一支球隊的「文化」，才能走得長久，「我來這裡就是要跟球員一起打造球隊的文化，這需要很長一段時間才能成型，也許到時候我已經不在這個位置或是離開球隊，但這是一定得先做的事情。」葉君璋說。

他知道有些事情未必是立竿見影的，但是球隊的文化也代表球隊的未來走向，因此必須在一開始就確立方向，也確保所有人是在往同一條路上走，儘管很有可能一開始因為戰績不佳碰上輿論壓力，葉君璋還是堅持，要讓球隊的「文化」慢慢成形。

他的堅持，從選秀可以看出痕跡，在二〇一六年的選秀會上，他大膽地在前兩輪都選進高中生，引起了不小的討論聲浪，而且葉君璋沒有讓他們立刻上一軍，甚至沒讓他們在二軍出賽，而是讓他們隨隊移動，先感受一下球隊的氛圍，自己也可以就近觀察球員，等了解他們後，再制定未來的發展藍圖。

第二輪被選進的左投陳仕朋，葉君璋給的課表更是「大聯盟級」，「因為我們評估他適合先發，所以未來到二軍之後，他就是固定用先發身份出賽，等到完全準備好了再上來。」很多教練喜歡讓球員在有好表現時就上一軍「投一兩局看看」，葉君璋認為，這一兩局反而會影響球員的調整，「甚至會改變他們的人生。」

這種不揠苗助長，完全以培養為主的方式，在台灣總教練界絕對是個異類，因為每個人為了保住自己的工作，心裡想的自然是盡全力提升戰績，所謂的「培養」其實一點好處都沒有，就有教練打趣地說：「等球員養好了，我可能也不在了。」但葉君璋告訴教練團，即使未來自己離開，也希望讓這一套對球員最好的方式延續下去，這就是他所希望的文化。

我才不要打高爾夫，當我把球轟出去時， 我要別人去追球。

～曾六連霸國聯打擊王的洪斯比（Rogers Hornsby）

沒有人不渴望一座冠軍金盃，葉君璋也希望能為母企業驕傲地拿下冠軍，但他更在乎的是，這支球隊在拿了冠軍之後的幾年後，是否還能保有足夠的競爭力，能夠，他想要球隊是顆能永遠發亮的恆星，而不是一閃即逝的流星。

能把球隊帶到什麼境界，還考驗著葉君璋的能耐，但他一直強調的球隊「文化」，卻在悄悄地影響台灣棒球中。（鄭又嘉）

棒球對我來說曾經是，現在是，以後也會一直是全世界最好的運動。

～大聯盟名人堂強打者貝比魯斯（Babe Ruth）

這裡是他X的我們的城市，沒人能主宰我們的自由，要保持堅強！

歐提茲（David Ortiz）

歐提茲

生涯總共擊出五百四十一轟，為紅襪隊史第四位五百轟重砲手。三度率紅襪贏得世界大賽，包括於二〇〇四年打破「魯斯魔咒」、助球隊相隔八十六年再圓冠軍夢。

新年伊始，多明尼加首都聖多明哥某座飯館裡人們似乎尚未褪去喜迎新歲的歡欣，唯獨角落裡臉龐黑得發亮、垂頭喪氣的歐提茲猶如隱身喧囂裡的異度空間。至少，他自己是這麼感覺的。

「嘿，你還好嗎，老鄉？」被熱情呼喚拉回現實，一抬頭迎面而來的就是大投手馬丁尼茲（Pedro Martinez）大大的笑容。果然，一百零五公斤的大隻佬就算想躲也沒處可藏。

花了番功夫解釋後，「神之右手」馬丁尼茲終於搞懂歐提茲聖誕節前才被雙城隊釋出，在小孩剛出生、春訓遲無著落下只得返鄉打冬季聯盟等機會，無怪乎落寞溢於言表。本以為能換得幾句安慰，孰料前輩的反應卻讓他傻眼：「天啊，這真是太棒了！」這會兒可輪到歐提茲疑惑了。

在馬丁尼茲立馬撥了手機後歐提茲才恍然大悟，原來是他想將自己引薦到所屬的波士頓紅襪隊。但畢竟彼此素昧平生，歐提茲仍不抱希望地道：「謝啦，兄弟，我心懷感激，但其實你大可以不用這麼做的。」

心知小老弟深受低潮所苦，「神之右手」乾脆拉開椅子坐下：「聽著，你是個好打者。你猜我怎麼知道的？**去年我對你投了顆內角偏高的卡特球，那球超級**

完美，我狠狠投出、時速九十二英里，你卻把球扛上頂層看台。」在此之前，歐提茲對戰馬丁尼茲僅揮出過一支全壘打，打擊率更低到一成七六，孰料有朝一日這發全壘打竟能逆轉自己的坎坷球涯……

歐提茲自小生長在貧民區，一如其他多明尼加男孩，只能拿掃帚柄和膠帶纏成的球來打棒球——除非姊妹有淘汰的洋娃娃。「我會拔下娃娃的頭，這可是棒球的最佳替代品，投球時，它會因表面不平整而產生下墜，所以（揮棒時）得試著跟好來球。如果能擊中，你也就能打出內角偏高的卡特球。」多年後得意解釋之餘，歐提茲不忘補充：「我讀過馬丁尼茲的報導，這招是學他的。」冥冥之中，彷彿一切早有定數。

前述二〇〇二年慘遭釋出並非這位人稱「老爹」的球星首度接受考驗，儘管小聯盟時期便因優異表現被冠上「最令人興奮的選手」殊榮，隨後卻因水手補強所需，被當成交易包裹送到雙城。揮別轉隊失落、在農場迅速竄出頭後總算登上大聯盟，甚至擠進主力名單，往後兩季卻又遭腕傷與低潮所擾出賽不到百場。而冰冷手感不但一路延續到一九九九年春訓，開季前感性的歐提茲更因遭下放農場、倍覺委屈而落下男兒淚。

每一個偉大的打者都執行一種理論，就是投手怕他比他怕投手還要多。

～生涯打擊率傲視球史、高達3成66的柯布（Ty Cobb）

二〇〇〇年短暫回春後，隔季歐提茲再陷低潮，季後甚至遭逢有生以來最大橫逆——摯愛的母親因車禍驟逝。當時他八分鐘內便匆忙趕抵事發現場，奈何仍見不到最後一面。自此每當開轟，他總會在回本壘時雙手指天、遙遙告慰過世的母親。

同年底接踵而來的，便是小市場的雙城因無力負擔仲裁薪資、且無交易對象，只好將歐提茲釋出的噩耗。已過了新秀年紀的他歷經連番打擊、茫然無助時，所幸在同鄉貴人馬丁尼茲伸出援手、推薦他進紅襪。歐提茲甚至在「神之右手」拍胸脯掛保證下脫離板凳、固定於其登板戰役中先發。自此，他的球涯振翅高飛，加盟隔年更在美聯冠軍戰中以系列賽最有價值球員之姿，率隊於零勝三敗、史上無人能逆的絕境中吹響反攻號角，擊敗洋基王朝晉級並勇奪世界冠軍，一舉驅散芬威球場上空盤旋八十六載的魯斯魔咒（Curse of Bambino）。相隔三年後再為自己添上一枚冠軍戒，昔日遭放逐的浪人轉身一變，成了波士頓之光。

儘管榮耀加身，考驗卻未就此結束。二度奪冠後，已逾而立之年的歐提茲開始傷痛不斷、表現衰退，平常總是熱情微笑的他一度愁眉不展，甚至拒絕在賽後回答記者問題，「大伙兒，你們報導上就寫『老爹爛透了』吧！」

更慘的是二〇〇九年七月底，紐約時報揭露了六年前超過百位藥檢呈陽性反應的選手名單中，老爹竟赫然在列。由於歐提茲身為隊上領導者，且不久前才公開抨擊球員涉禁，加上廣受粉絲喜愛，集歡樂、慈善與英雄形象於一身，消息一出自是引發喧然大波。最終雖公開自清可能是補充營養品時誤食禁藥成分，加上球團力挺下自風暴脫身，但球涯仍蒙上陰影。

「記住這句話：『球史沒人比我接受過更多次禁藥檢測。』在某些人心中，我永遠都是個騙子。」縱使隔年以優異成績證明自己、多次回顧受檢時僅服用隨處可買的開架式營養品，且二〇〇四年起通過八十次以上藥檢，抽檢次數頻繁到就連季後返國，都有人一大清早登門抽血驗尿，奈何陰影仍在，最終只能無奈嘆道：「如果你們覺得這樣就能毀了我過去在場上所有的成就，那我也沒啥好說服你的了。」

走過禁藥風波和球隊二〇一二年的戰績低谷，期待重新發的老爹和紅襪卻再遇逆境。隔年初，距芬威球場不遠處的波士頓馬拉松終點線爆發兩聲巨響，眾多路跑選手、民眾隨即在煙硝中驚慌四竄，街上血肉模糊的傷者令人不忍卒睹。恐怖攻擊重創這座城市五天後，三萬五千人齊聚古老的芬威球場舉行賽前默哀，儀

棒球生涯不會永遠都很順利的。最重要的事就是要正面去看待，我必須專注在身為球員的這件事情上。那是我唯一可以控制的事情。

～王建民

式中背對著外野大牆上星條旗的歐提茲激動怒吼：「這裡是他X的我們的城市，沒人能主宰我們的自由，要保持堅強！」感動與掌聲隨即傳遍全場。

六個月後，老爹用好成績和領導風範兌現承諾，扛著季初被看衰的紅襪一路過關斬將，奪下十年內第三座世界冠軍，歐提茲、紅襪隊和波士頓城並肩詮釋「堅強再起」的故事令人動容。

二〇一五歲末，邁入不惑之年的老爹宣告來年球季將是球涯終站，因身手仍在而引發球壇震驚。開季後，果然打擊始終維持高檔，季中除晉身首位年逾四十仍締造百轟百打點的強打，長打率和攻擊指數睥睨聯盟更堪稱球史最華麗引退季度，甚至再度率紅襪殺進季後賽，表現令人驚嘆。

某次低潮期時，紅襪名人堂球星萊斯（Jim Rice）曾消遣歐提茲「這麼大個兒還打不好」，只見老爹並未發怒，反倒笑著走回置物櫃拿出件T恤攤開來，上頭寫著：「重點不在怎麼開始，而是你如何結束。」多年後的今天，老爹用最好的告別，替二十載球涯落下完美註腳。（正義鷹大俠）

看到別人比你強，就想讓自己更強。

～「台灣巨砲」陳金鋒

「永不放棄」是我面對癌症的態度，也是對待慈善志業和工作的一貫決心。

雷斯特（Jon Lester）

雷斯特

當雷斯特還是小聯盟選手時，已是紅襪隊擊破「貝比魯斯魔咒」、睽違八十六年奪冠的間接要角。倏忽十一年過去，期間扛下王牌先發、率隊再下兩座金盃後轉投小熊，挑戰更艱鉅、自清光緒年間延續至今逾百年的魔咒，並成功率小熊隊於二〇一六年拿下冠軍。

一顆冉冉上升的投手新星，卻在散發光芒前驚傳罹癌噩耗。與病魔奮戰十一個月後，他奇蹟似重返投手丘，在世界大賽封王戰中先發奪勝、帶隊摘冠，隔年還投出無數投手夢寐以求的無安打比賽，成就激勵人心的棒壇傳說。

前段敘述看來像部熱血勵志運動電影？不妨再瞧瞧「續集」後話：

抗癌鬥士晉身球隊王牌後，主場城市於舉辦馬拉松賽事時突遇爆炸恐攻。正當人們無措、期待引領以重返人生軌道時，他再度挺身率隊於逆境奪冠，化身城市之光。孰料隔年卻因接受高薪、改披他隊戰袍招致叛徒罵名；無奈之餘還得挑戰「不可能的任務」——替新東家突破球界最長、超過一世紀的奪冠乾旱期……

出身華盛頓州的雷斯特從小是死忠棒球迷，家族好友曾任水手隊場地管理員的機緣讓他和棒球更親近，也因此迷上超級球星小葛瑞菲（Ken Griffey Jr.）。天賦加上勤練，國三便成為聯盟最有價值球員，高中又兩度獲獎，四年間更三度入選全州代表隊，未來性不言可喻。

雷斯特高三就長到一百九十六公分，上看九十四英里的火球和身高同樣醒目，引發眾家球探競逐。二〇〇二年紅襪在第二輪選秀指名他，除了誠意十足、捧上該輪最高的百萬簽約金以釋加盟疑慮，雷斯特兒時初次被棒球吸引的地方正巧也是紅襪的芬威球場（Fenway Park）。命運之線，無形中將雙方給牽在一起。

儘管首個小聯盟完整球季表現普普，球隊戰績還墊底，但季後當紅襪有意以強打曼尼（Manny Ramirez）向遊騎兵交易來聲勢如日中天的羅德里奎茲（Alex Rodriguez）助陣時，後者竟識貨地堅持納入雷斯特才肯成交。所幸最終因羅德里奎茲自願降薪導致聯盟駁回交易案，紅襪才保住未來棟樑，隔季曼尼則打下世界大賽最有價值球員，成為二○○四年破除貝比魯斯魔咒的關鍵球星。

就在紅襪朝奪冠之路邁進的同時，雷斯特也以傲人三振功力展現潛能，翌年升級打怪非但未見撞牆，還勇奪2A防禦率及三振雙冠王、聯盟年度投手、紅襪農場最佳投手等榮銜；二○○六年春訓更獲賽揚巨投席林（Curt Schilling）讚賞，直呼看見自己年輕時的影子，果然該年六月雷斯特便因紅襪輪值出狀況而登上大聯盟。

眾所期盼下，除首戰宿命般對決轉隊未成的遊騎兵表現略差外，前八戰他端出五勝零敗、防禦率二點三八的驚豔成績。就在先發十五場便累積七勝後，雷斯特無預警遭停機，起先傳出他可能因月初一場小車禍導致背痛而赴醫院檢查，幾

想去追求自己的夢，就會有希望。

～張泰山

天後爆出的卻是震撼棒壇的罹癌噩耗！

經確診雷斯特罹患了非何杰金氏淋巴瘤，屬於一種罕見血癌，且病徵早有跡可循，包含體重減輕、夜間盜汗都是警訊，只是二十二歲的他壓根沒想到竟會身染重疾，嚴重的話不只斷送球涯，還可能終結生命。之後雷斯特接受了六輪化療，熬過倦怠、掉髮及爆瘦等折磨，終於在年底盼得佳音：醫生宣布他身上已查無任何癌細胞。

距患病一年不到，雷斯特便又重返大聯盟。二〇〇七年七月底，那個曾以側投巧妙藏球、藉身高優勢將一道道白光飆進好球帶，輔以卡特球絕殺打者的身影重現沙丘，復出首戰便在同樣曾罹癌的隊友洛爾（Mike Lowell）開轟助威下奪勝，賽後席林感動道：「這不僅關乎棒球，沒有比這樣子更好的回歸方式了。」對比當時職業美式足球員違法鬥狗、NBA職籃深陷賭博醜聞，以及重砲邦茲（Barry Bonds）禁藥案等負面消息，激勵人心的雷斯特無異體壇一劑強心針。

不僅如此，四個月後因表現不穩而在世界大賽中待命後援的他，竟於紅襪驚奇三連勝且牛棚消耗不大下意外回到輪值，最終不但關門戰爆冷奪勝、助球隊笑擁四年內第二座冠軍金盃，季後更獲頒象徵以意志、決心和勇氣克服逆境的康尼里亞洛獎（Tony Conigliaro Award），驚喜中見感動的際遇再度令人動容。

彷彿要證明成功絕非運氣，隔年開季不久雷斯特便投出生涯首場無安打比賽，全季投球局數亦冠居全隊，並獲表彰「最佳奮戰及敢鬥典範」的哈契森獎（Hutch Award）青睞，儼然奮戰不懈的新世代象徵。而二〇一三年在波士頓陷入炸彈恐攻陰影下以世界冠軍為球季畫下句點、象徵堅強再起的投球表現，更讓他自此和這座城市畫上等號。

也正因如此，一年後當小熊召開記者會，以「象徵轉變的開始」熱烈迎接自由市場上最大咖投手入隊後，紅襪迷的抗議聲浪隨即灌爆雷斯特社群網頁，輕者表達失望，重則批他忘恩負義、忘了誰在生病時無條件支持他，甚至拿小熊的戰績嗆道：「你這是為了錢而去享受輸球的感覺。」

事實上一如多數歷經奪冠革命情感的隊友們，雷斯特對波士頓感情深厚，也多次表態約滿後想續留。只不過就像他曾在休息室喝酒犯錯、刷新球史最慢敲安紀錄等缺陷，紅襪也非完美雇主，包括合約年季前無視其王牌身份，開出離譜的低價延長合約；同年季中為厚植農場將他交易至運動家、吃定約滿後可望回鍋的高姿態等，皆為瓦解互信、蠶食忠誠度的因子。

進入職棒至今50年，我走過很美好的人生，直到68歲還能繼續棒球人生，是件很幸福的事！

～王貞治

反觀小熊不僅在巨人開出相同的六年一億五千萬時豪氣加碼，也甘冒雷斯特年過三十的退化風險祭出第七年選擇權，還不忘強調他們全聯盟最短客場移動哩程、主場白天賽事多可陪伴家人等優勢，甚至在新球衣裡藏入他最愛的醇酒攏絡人心。更重要的是，小熊以手握豐沛新秀資源、硬體擴建等願景擘畫搏得頂級強投委身墊底球隊的信任，讓雷斯特甘願不遠千里投效，只為打破魔咒而來！

被問到是否相信魔咒這回事時，雷斯特不置可否地聳聳肩：「那東西基本上是魔由心生，因為你心中總等待著壞事；若你不允許它發生、持續砥礪前行，那就不會被影響。」或許紅襪在學會適度尊重前，也忘了這位一手培植的左投早已不再是新秀時期只能待價而沽、無奈接受患病事實，和意外被推上世界大賽前線的被動菜鳥，而是積極戰勝病魔、締造無安打比賽、支手撐起冠軍夢的熟齡老將。

因罹病體會人性關懷的光明面，並因緣際會結識如今已成太座的女友後，雷斯特人生也跟著改觀並轉趨主動。場上不再苛求自己、更加享受比賽之外，場外也投入赴醫院探訪癌童、發行紀念酒替癌症基金會募款等慈善活動。隨著接觸病童增加、父親罹患相同癌症以及兒子出生，心有所感的雷斯特更發起名為「永不放棄」（NVRQT）的長期計畫，致力為小兒科癌症研究基金會募款，以提升醫療環境並支持相關研究，而這也是允諾將傾力協助行善的小熊之所以獲得青睞的主因之一。

在名教頭梅登（Joe Maddon）和雷斯特相繼加盟後，二〇一五年小熊的賭盤賠率不但從一比五十激升至一比十二、奪冠看好度躍居聯盟第四，簽約前球團承諾的「二〇一六進季後賽」也在新科賽揚艾瑞耶塔（Jake Arrieta）開竅和眾新秀潛能爆發下提前兌現，和過去幾年那支弱隊有如天壤之別。而季後賽雷斯特雖表現普普，最終亦無緣世界大賽，富經驗的領袖特質和穩健例行賽表現仍不失為小熊蛻變的關鍵。

背負著離愁和叛徒之名、走出不被祝福的黑暗甬道，雷斯特再次證明「永不放棄」能克服障礙。二〇一六年上半季在揚棄得失心後他更上層樓，不但獲選六月份國聯最佳投手，還成為隊史自一九〇〇以降唯一連兩戰三振九人次以上且未投出保送的左腕強投。

每逢球季後段表現特佳，曾替球隊在爭冠期立下無數戰勳的雷斯特雖沒能趕

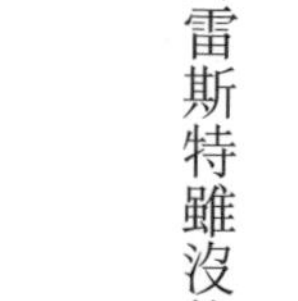

如果每天花十五分鐘刮鬍子，一年就要花五千分鐘。我寧願把這些時間花在打棒球上。

～古巴前領導人卡斯楚

上紅襪苦等八十六年的破咒盛典，但不久後的將來，或許史上最傳奇、最玄妙、名氣最響亮的魔咒封印，終將在他的不懈奮戰下冰消雪融、再添傳說新章。（正義鷹大俠）

世上有很多事情無法說清楚，只能說我就是很喜歡棒球這項運動。

～鈴木一朗

國家圖書館出版品預行編目資料

棒球驚嘆句 2【新版】/ 曾文誠、正義鷹大俠、鄭又嘉著 .—— 二版 —— 臺中市：好讀，2023.2 面： 公分，——（名言集；16）

ISBN 978-986-178-648-3（平裝）

1. 格言

192.8　　111019540

好讀出版

名言集 16

棒球驚嘆句 2【新版】

作者／曾文誠、正義鷹大俠、鄭又嘉
內頁繪圖／許承菱
總編輯／鄧茵茵
文字編輯／莊銘桓
行銷企劃／劉恩綺
發 行 所／好讀出版有限公司
台中市407西屯區工業30路1號
台中市407西屯區大有街13號（編輯部）
TEL:04-23157795 FAX:04-23144188 http://howdo.morningstar.com.tw
（如對本書編輯或內容有意見，請來電或上網告訴我們）
法律顧問　陳思成律師

填寫線上讀者回函
獲得更多好讀資訊

讀者服務專線／TEL：02-23672044 / 04-23595819#212
讀者傳真專線／FAX：02-23635741 / 04-23595493
讀者專用信箱／E-mail：service@morningstar.com.tw
網路書店／http : //www.morningstar.com.tw
郵政劃撥／15060393（知己圖書股份有限公司）
印刷／上好印刷股份有限公司
如有破損或裝訂錯誤，請寄回知己圖書更換

初版／ 2016 年 11 月 1 日
二版／ 2023 年 2 月 15 日
定價／ 300 元

Published by How Do Publishing Co., LTD.
2023 Printed in Taiwan
ISBN 978-986-178-648-3